JN221868

習近平政権が描く
超大国100年の設計図

2050年の中国

胡鞍鋼　鄢一龍
唐　嘯　劉生龍　著
段景子　訳

日本僑報社

目次

第一章　中国の社会主義現代化の道

「道」の問題は、党の事業の盛衰や成否に関わる最も重要な問題であり、「道」は党の生命である。

——習近平（二〇一三）

「中国の夢」の実現のためには、必ず「中国の道」を歩まなければならない。すなわち、中国の特色ある社会主義という「道」である。この「道」は容易ならざるものである。それは、改革開放三十年余りにおける偉大なる実践という歩みの中で形成されてきた。中華人民共和国成立六十年余りにおける不断の探求という歩みの中で形成されてきた。近代以来百七十年余りにおける中華民族発展の歴史の深い総括という歩みの中で形成されてきた。中華民族の五千年余りにおける悠久文明の継承という歩みの中で形成されてきた。深淵たる歴史的淵源と広範な現実的基礎を備えているのである。

——習近平（二〇一三）

中国の特色ある社会主義は、改革開放以来の党の全ての理論と実践のテーマである。全党は中国の特色ある社会主義の偉大な旗印を高く掲げ、中国の特色ある社会主義への自信、理論への自信、制度への自信、文化への自信を強固に打ち立て、党と国家の事業が終始正しい方向に向かって順調に前進していくよう確保しなければならない。

——習近平（二〇一七）

偉大な中国人民には、より幸せで素晴らしい生活を追求するという偉大な夢がある。偉大な中華人民共和国には、中国において社会主義現代化を全面的に実現するという偉大な目標がある。偉大な中国共産党には、中華民族の偉大な復興という「中国の夢」を実現するという歴史的使命がある。

悠久の歴史を有する古い文明国家として、大きな人口を有する東洋大国として、かつて最も繁栄した世界の強国として、近代の落伍と衰弱を経て、いかに社会主義現代化という壮大な青写真を実現するのか。いかに中華民族の偉大な復興を実現するのか。いかに人類の長期的発展に多大なる貢献をするのか。これが、「中国の夢」を実現するという中国の道の命題である。

新中国成立以来の六十年余りの歴史を振り返ると、「中国の道」の基本的含意と基本的要素は、「中国の特色ある社会主義現代化の道」であると定義できる。現代化は今日の人類発展の歴史的潮流であり、更には今日の中国発展の歴史的任務でもある。

中国にとって、社会主義現代化の本質は人民を中心とする社会主義現代化の実現であり、主任務は「二つの百周年奮闘目標」と中華民族の偉大な復興の実現である。

一、社会主義現代化戦略――「三つのステップ」から「二段階」へ

世界的な現代化の落伍者、後発者、追走者、革新者として、中国がいかに社会主義現代化強国を築き上げるかは、中国の指導者が終始追求する核心的目標であり、直面する核心的問題と基本的選択である。

彼らの社会主義現代化戦略に対する考慮と設計は、中国の社会主義現代化の道に対して非常に深い影響を有している。この道には既存のモデルがなく、彼らは不断の実践、理解、探求、革新、深化を重ね、その歩みの中で中国の特色ある社会主義現代化という道を形成してきたのである。

新中国成立後、毛沢東同志などの指導者は社会主義工業化と現代化の道を探求し始めた。主として経済現代化を核心とし、徐々に「国家工業化」から「四つの現代化」への戦略的構想を形成してきた。

一九五三年、毛沢東は、相当長い期間にわたって徐々に国家の社会主義工業化を実現し、徐々に国家の農業、手工業、資本主義商工業に対する社会主義改造を実現しなければならないと述べている。[1] 以上の戦略的構想に基づき、中国はソ連の支援の下、第一次五カ年計画を策定し、成功裏に実施した。

一九五六年、第八回党大会は、「四つの現代化」、すなわち、「国民経済を計画的に発展させ、可能な限り迅速に国家工業化を実現し、系統的に、順序良く国民経済の技術面での改造を行い、中国が強大な現代化された工業、現代化された農業、現代化された交通運輸業、現代化された国防を有するようにしなければならない」[2] と提起した。これが「四つの現代化」の強国目標である。

一九六四年、毛沢東の指示に従い、第三期全国人民代表大会（全人代）において発表された政府活動報告では次のことが提起された。「今後の国民経済発展の主要任務は、総体的に言って、それほど長くない歴史的時期において、我が国を現代的農業、現代的工業、現代的国防、現代的科学技術を有する社会主義強国に築き上げ、世界の先進的レベルに追いつき、追い越すことである」。

この偉大な歴史的任務を実現するため、第三次五カ年計画から、中国の国民経済発展は二つのステップで考えるべきこととなった。第一ステップは、自立し、比較的整った工業体系と国民経済体系を作り上げることであり、第二ステップは、農業、工業、国防、科学技術の現代化を全面的に実現し、中国経済を世界の上位に付けることである。[3] ここに、「四つの現代化」という社会主義強国の実現は、正式に中国の社会主義現代化建設の奮闘目標となった。

一九七五年、第四期全人代第一回会議は、改めて「四つの現代化」の戦略的目標と「二つのステップ」の戦略的計画に言及した。[4]

改革開放後、新たな歴史的任務と国内外の環境に直面し、党の中国の社会主義現代化の戦略的目標に対する認識は閉鎖的なものから開放的なものに、スローガンから実務的なものに、浅い認識から深い認識となった。中国は人口が多く、基盤が薄く、一人当たりGNPは依然世界の下位であり、十億人余りの人口のうち八億人が農村人口であるなどの基本的国情に基づき、鄧小平は二〇〇〇年に「四つの現代化」を全面的に実現するという元々の目標を調整し、それを二〇五〇年まで遅らせ、まず「二つのステップ」の戦略的構想、次に「三つのステップ」の戦略的構想を打ち出した。一九八七年、第十三回党大会は、社会主義初級段階という基本的判断を下し、中国経済建設の戦略的計画を打ち出した。概ね以下の「三つのステップ」に分けられる。

第一歩は、一九九〇年までにGNPを対一九八〇年比で倍増させ、人民の衣食の問題を解決すること。第二歩は、二十世紀末までにGNPを更に倍増させ、人民生活を「小康（ややゆとりのある）」水準に引き上げること。第三歩は、二十一世紀半ばまでに、一人当たりGNPを中位先進国のレベルにまで引き上げ、人民生活が比較的豊かなものとなり、現代化を基本的に実現するというものである。その後は、その基礎の上、更に前進を続ける。[5]

世紀の変わり目において、党中央は先見性を持って二十一世紀直前の二十年の中国の発展段階と内外の環境に対して基本的な判断を行い、「二つの百周年目標」を打ち出した。一九九七年、第十五回党大会において、建党百年の時点で、国民経済をより発展させ、各種制度を更に整備すること、そして、二十一世紀半ばの建国百年の時点で、現代化を基本的に実現し、富強、民主、文明の社会主義国家を築き上げることが宣言された。[6] これは、経済上の富強、政治上の民主、文化上の文明という「三位一体」の現代化の布石である。

第十六回党大会で発表された報告では、初めて「一つ目の百周年目標」が設計された。すなわち、十数億人の人口に恩恵が及ぶ更に高いレベルの「小康社会」の全面的建設である。その他にも、経済建設目標、政治・民主建設目標、社会・文化・教育・科学技術目標、持続可能な発展目標など、[7] 二〇二〇年の具体的目標を打ち出した。当時発表された核心的な数値指標は、二〇二〇年までに、GDPを対二〇〇〇年比で四倍にすることを目指す、というものである。当時の曽培炎国家計画委員会主任は、以下の三つの数値指標を打ち出した。一つ目は、二〇二〇年までに一人当たりGDP三千ドル以上を達成すること。二つ目は、二〇二〇年までに都市化率を五〇%以上にすること。三つ目は、二〇二〇年までに、農業人口の比率を二〇〇〇年の五〇%から三〇%前後に引き下げることである。[8] そのため、国家の第十一次五カ年計画要綱が策定された。

二〇〇七年、第十七回党大会は、「一つ目の百周年目標」に二回目の設計を行い、「小康社会」の全面的建設というより高い新たな要求を提起し、中国が二〇二〇年までに、「工業化がほぼ達成され、総合的国力が著しく強化され、国内市場の全般的規模が世界の上位に並ぶ国となり、人民の裕福度が全体的に向上し、生活の質が目に見えて改善し、生態環境が望ましい国となり、また、人民がより十分な民主的権利を享有し、より高い文化的素養と精神面での追求を有する国となり、更に諸般の制度が一層充実し、社会が活力に溢れる一方、安定して強い結束力を持つ国となり、対外開放が一層拡大し、世界の人々に非常に親近感を持たれ、人類の文明により大きな貢献をする国となろう」[9]と謳った。

当時発表された核心的な数値指標は、二〇二〇年までに、一人当たりGDPを対二〇〇〇年比で四倍にすることである。国家発展計画委員会は、以下のいくつかの数値指標を打ち出した。一つ目は、二〇二〇年までに一人当たりGDP五千ドルを達成すること。二つ目は、就業構造における第一次産業の比率を三〇％前後にまで下げること。三つ目は、二〇二〇年までに、中国の都市化率を六〇％に近づけること[10]。そのため、国家の第十二次五カ年計画要綱が策定された。

二〇一二年、第十八回党大会の報告は、二十一世紀半ばの社会主義現代化の主任務について、以下のとおり正式に概括した。すなわち、中国共産党成立百年の時点で、「小康社会」を全面的に完成し、新中国成立百年の時点で、富強、民主、文明、調和の社会主義現代化国家を築き上げるというものである。三回目の設計となる「小康社会」の全面的完成という目標は、経済建設、政治建設、文化建設、社会建設、生態環境建設の具体的目標を含んでいる。中国共産党第十八期中央委員会第五回全体会議（第十八期五中全会）の精神に基づき、社会主義の「五位一体（訳者注…経済建設、政治建設、文化建設（ここまでが「三位一体」）、社会建設（ここまでが「四位一体」）、エコ文明建設）」の全体的布石と「四つの全面（訳者注…「小康社会」の全面的完成、改革の全面的深化、全面的な法に基づく国家統治、全面的な厳しい党内統治）」の戦略的施策に沿って、第十三次五カ年計画が策定された。これは「小康社会」の全面的完成を実現する計画であり、「一つ目の百周年目標」実現の決勝段階における鍵となる計画でもある。

二〇一七年、第十九回党大会が採択した「中国共産党規約」は、二十一世紀前半の社会主義現代化の主任務について、「新世紀、新時代における経済と社会の発展の戦略的目標は、建党百年の時点において『小康社会』を全面的に完成し、新中国成立百年の時点において社会主義現代化強国を全面的に築き上げることである」という更なる概括を行った。第十九回党大会の報告は、この「強国」について、「富強、民主、文明、調和、美の社会主義現代化強国を築き上げる。その暁には我が国は、物質文明、政治文明、精神文明、社会文明、エコ文明が全面的に向上し、国家統治体系と統治能力の現代化を実現し、トップレベルの総合的国力と国際的影響力を有する国となり、全人民の共同富裕が基本的に実現し、人民がより幸せで安心な生活を送っているであろうし、中華民族はますます活発に世界の諸民族の中にそびえ立っているであろう」[11]と描写した。

中国の社会主義現代化戦略の歴史的過程は、毛沢東時代の「四つの現代化」強国戦略（一九六四－二〇〇〇）、鄧小平時代の「三つのステップ」社会主義現代国家戦略（一九八〇－二〇五〇）、新しい時期の「二つの百周年」社会主義現代化国家戦略（二〇〇〇－二〇五〇）、新時代の習近平の「二段階」社会主義現代化強国戦略（二〇二〇－二〇五〇）を経て、彼らの創造性、継承性、連続性及びグローバル現代化の過程における革新性、独特性を示した。これら戦略的構想は、歴代の党大会の報告において十分に体現されたのみならず、歴代の五カ年計画における具体的な体現と実行を得て、異なる時期において、社会主義現代化強国と偉大な復興の戦略的目標に向けて、中国という巨大な船を率いる航海図・施工図となった。

二、社会主義現代化の道――五大要素と五大優位性

「中国の道」は独特性、継承性、革新性を有し、五大要素を備える。

第一の要素は、不断に増加する現代化の要素である。すなわち、最大限生産を拡大し、富を創造し、最大限現代的知識、科学技術、教育、情報などの要素を利用することである。本質的に見て、中国は現代化の後発者、落伍者として、その現代化の過程は常に先進国を追いかける過程であり、経済、教育、科学技術、情報デジタルなどの面での追走を含め、現代化の面で重要な進展を得て、世界の中で急速に中位もしくはそれ以上の程度の現代化に達した。

中国は、全ての先進国が備える現代化の要素を学び、吸収した。全ての先進国が革新している現代化の要素につき、中国も後に続いて革新した。同時に、中国は革新者、先導者でもあり、先進国が備えていない現代化の要素については、中国は率先して革新し、先導した。追いかける中で革新し、革新の中で追い越し、早期に中国を日々現代化し、高度に現代化し、全面的に現代化した世界の強国にする。中国の現代化は、模倣から追走、追走から並走、並走から追い越し、追い越しから先導という段階の異なる道筋である。目下、中国の現代化の程度と総合的国力は、多くの指標においてすでに先進国との並走を実現し、一部指標において追い越しを実現し、他の指標においては引き続き追いかけ中である。

第二の要素は、不断に増加する社会主義の要素である。これは、西側資本主義の現代化との最大の違いである。この制度的要素は、十数億人の全人民を共に発展させ、分かち合わせ、豊かにするものであ

り、社会主義の制度的優位性と政治的優位性を十分に発揮している。社会主義要素を不断に増やしてこそ、初めて十数億人の人民を結束させ、社会の各種の力を動員することができ、国家の大事と民生の大事を成すことができる。社会主義の基本的政治制度を堅持してこそ、初めて政治的に民族団結が実現し、多元的に一体となり、国家が統一され強大化し、各方面が活力に溢れ、社会が長期的に安定する。また、社会主義社会建設において重要な成果を収め、中位先進国または先進国の程度に達することができる。社会主義を堅持してこそ、初めて全人民の共同富裕を実現でき、これこそが、社会主義制度が資本主義制度よりも優れている点である。なぜなら、後者は一部の人しか裕福にできない一方、前者は人々を裕福にできるだけでなく、全人民を共に裕福にすることができるからである。

中国の社会主義要素は、「社会主義初級段階、中級段階、高級段階」の順に不断に変遷し、不断に強化される発展の過程である。中国は依然として社会主義初級段階にあるが、すでに社会主義初級段階の後半に入っており、イノベーション主導、ポスト工業化、グリーン製造・グリーンエネルギー、人口高齢化・少子化、サービス業の現代化、情報化・デジタル化などの先進経済体の重要な経済的特徴を備えており、非先進的要素と先進的要素の入れ替わりが見られる。

第三の要素は、不断に増加する中国文化の要素である。これは最も中国の特色を有する現代化である。この要素は、中華民族五千年の文明史に起源を有し、中国の特色ある社会主義の実践に根差し、中国の社会主義経済と政治の基本的特徴を反映しており[12]、中国の特色ある「小康社会」の構築に対して重要な革新をもたらすものであり、「八つの社会と一つの道」と概括できる。すなわち、共同発展社会・共同富裕社会、全国民学習型社会、全国民健康社会・全国民健身社会、安居楽業社会、資源節約型社会・環境にやさしい社会、開放的革新型社会・知識社会、調和社会・安定社会、民主社会・法治社会、平和的発展の道である。[13]

中国共産党は、中華の優秀な伝統文化の忠実な伝承者、発揚者であり、中国の先進的文化の積極的な提唱者、推進者でもある。[14] 中国が世界の舞台の中心に歩み入るにつれて、中華文化はかつてない大発展、大繁栄、大復興の時代を迎えつつあり、同時に世界の平和、発展、協力、共栄に対してかつてない影響を生んでいる。

第四の要素は、不断に増加するグリーンな生態環境の要素、すなわちエコ文明のグリーンな現代化であり、現代人に生態環境財とサービス、後世に生態環境の富、世界に生態環境安全保障をもたらす。中国の現代化の道は革新の道であり、十八世紀半ばの英国の産業革命以来の経済成長と温室効果ガス排出を一緒に増大させる伝統的発展モデルとは異なる。経済の持続的成長と温室効果ガス排出の持続的削減、ひいては経済成長と温室効果ガス排出を完全に切り離すという、二十一世紀前半に新しく生み出したグリーン発展モデルである。

その中には、二つの主要な目標が含まれている。一つ目は、経済成長とエネルギー消費、石炭消費、二酸化炭素排出、水資源消費、汚染物質排出の切り離しである。二つ目は、人類の自然への恩返し、環境の質の全体的改善、森林・草地・湿地などの生態環境資産の大幅な増加である。これは、中国古代の「天人合一（訳者注…中国の古代からの哲学概念。天と人とは理を媒介にして一つながりだと考えること）」の理念が真に実現し、人類の発展が二度と自然からの略奪を代償とせず、人と自然が共生、共栄することを意味しており、中国の将来の発展にとって重要な意義を有しているのみならず、人類文明に多大な貢献をするものである。すなわち、グリーン発展という貢献であり、「天人合一」思想という貢献である。

第五の要素は、中国共産党の指導である。それは中国の社会主義現代化の核心的指導力である。党・政府・軍・民間・学術界、東西南北を問わず、党は全てを指導する。党は最高の政治指導力である。五大要素のうち、党の指導は核心的要素であり、五大要素の相互関係、相互作用、相互促進、相互補完を極大まで促進することで、相まって「中国の道」を形成する。同時に、五大要素が有機的に結合して、五大優位性を形成する。

第一は後発優位性である。国際比較から見て、先進国であれ、発展途上国であれ、すべからく不断の工業化、情報化、都市化、現代化という過程を経ている。その意味で、中国とこれら国家は多くの類似点や共通点を有しており、後発国家としての中国は多くの「後発優位性」を備えており[15]、先進国の現代化水準と同様の発展を大幅に加速し、同時に先進国の現代化モデルを超え、彼らの教訓をくみ取り、過ちを避け、更に高い、新しい、グリーンな出発点から工業化、情報化、都市化、農業現代化を革新し、肩を並べた発展と飛躍的発展を実現することができる。

第二は社会主義の優位性である。中国の現代化の道は、資本主義の道ではなく、社会主義の道である。これは全ての先進国との最大の相違点である。事実がすでに証明しているように、資本主義は前資本主義よりもはるかに発展速度が速い[16]。事実は同様に、中国の社会主義は全ての資本主義国家よりも更に発展速度が速いことも証明している[17]。社会主義国家として、中国は「社会主義の優位性」を有しており、それは数十年にわたって発揮できるだけでなく、資本主義国家が数百年の時間を費やしてようやく達成した水準に追いつき、追い越すことができる[18]。更に、中国だけが「結束力を有し、両極化を避け、徐々に共同富裕を実現できる」[19]ことを保証している。

第三は中国文化の優位性である。五千年余りの文明発展の歴史的過程の中で、中国の各民族と人民は、自身の勤労と智恵で輝かしい中華文明を創り、統一された多民族国家を築き上げた。中華文明は独特の連続性、包容性、開放性を有する。長期にわたる対外交流の中で、中華民族は努力して他民族の長所に学び、参考にし、絶えず努力し、人類文明の進歩に重要な貢献を行った。[20]中国の現代化の道は、五千年来受け継がれ、一度も途絶えることのなかった中華文明の偉大な復興である。[21]世界の二百四十余りの国・地域の現代化と比較して、中国はより豊富な歴史的資源と文化的資源を有している。世界の異文化と相互に学び、参考にし、交流し、融合すれば、中国が現代化を加速し、また、中国の特色ある「世界大同（訳者注：儒教思想における理想世界。天の公理に基づき、人心が和合し、よく治まった、あらゆる差別のなくなった至公無私の平和な社会）」の現代化を創出する大きな文明的資源となり、文化的優位性となる。

第四はグリーンな生態環境の優位性である。中国は世界で率先して、エコ文明建設を社会主義現代化の全体における突出した位置に据え、自然の尊重、自然への順応、自然の保護という規律を守り、グリーン発展の道を創出し、グリーン生産と消費の方法を生み出し、グリーンエネルギーの発展に力を入れ、生態環境資本に大いに投資し、グリーン資産の累積を加速し、人と自然が持続的に調和する新局面を形成し、美しい中国を全面的に築き、より大きなグリーンな生態環境の優位性を不断に創出していく。

第五は中国共産党の指導の優位性である。中国の特色ある社会主義の最も本質的な特徴は中国共産党の指導である。中国の特色ある社会主義制度の最大の優位性は中国共産党の指導である。

以上の五大優位性から見て、中国は後発優位性という重要な経済的優位性を十分に利用し、西側の現代化に学び、参考にし、西側国家の現代化の発展との差を不断に縮めるべきである。社会主義制度の優位性を十分に利用し、西側国家を追うスピードを加速するのみならず、共同富裕の社会主義現代化を創出すべきである。「中国文化の優位性」という長期の独特な歴史的優位性を十分に利用し、国家のソフトパワーを不断に向上させ、中国の特色ある「世界大同」の現代化の道を歩むべきである。グリーンな生態環境の優位性という将来の中国の新たな優位性を十分に利用し、中国の特色あるグリーン現代化の道を創出し、天人合一を実現し、永遠に発展すべきである。党の指導という最大の政治的優位性を十分に利用すべきであり、[22] これによってこそ中国独特の総合的優位性を形成でき、先進国を追うスピードを加速するのみならず、先進国を追い越し、南側の国々が新しい現代化を探求し、実践するための有益な経験を提供し、多元的な道を開拓し、世界の発展が抱える課題を解決するための重要な思考と中国の智恵を提供することができる。

三、社会主義現代化の道の方法論——革新と継承

中国の社会主義現代化の発展史の軌跡は、決して真っすぐな大通りではなく、あらかじめ設計された大通りでもなく、不断の探求、総括、開拓、変化の道である。それは「五大要素」と「五大優位性」の相互交差、有機的融合であり、絶えず量的変化から部分的な質的変化、更に量的変化から質的変化を繰り返す過程である。古いものが消えて、新しいものが生まれ、遅れた生産力と生産関係が不断に淘汰さ

れ、経済的基礎とその上の構築物が不断に適応していく過程である。発展の水準、発展の能力、発展の成果が低級から中級、更に高級に向かって螺旋状に上り、動態的に跳ね上がる過程である。従って、中国の発展戦略は決して不変のものではなく、その歴史的変遷と歴史的実践は、相互に検証し、試行錯誤し、調整し、常に歴史に学び、実践に学び、人民に学び、開放に学ぶものである。中国の現代化の発展の道は常に各種の課題に満ちている。その中には、外部の課題と内部の課題が含まれており、予見可能な課題（「灰色の犀」）と予見不可能な課題（「黒い白鳥」）も含まれる。従って、常に課題を認識し、積極的に対応し、何よりも好機に変えていく必要がある。中国は異なる時期に異なる戦略と戦術をとってきたため、異なる歴史的軌跡を有するのである。

新中国の歴史的変遷から見て、「中国の道」とはすなわち中国の特色ある社会主義現代化の道である。それは一度に完成できるものではなく、七十年近い時間の洗礼、異なる発展目標、発展戦略、発展段階を経て徐々に進化してきたものである。

毛沢東同志を核心とする党の第一世代中央指導部は、団結して全党、全国の各民族と人民を率い、新民主主義革命の偉大な勝利を勝ち取り、「立ち上がる」という課題の解決に成功し、社会主義基本制度を打ち立てた。それは、中国の歴史上、最も深く、最も偉大な社会変革であり、中国の今日までのあらゆる発展と進歩のための根本的な政治的前提と制度的基礎を打ち固めた。物質的にも文化的にも貧しく、図体は大きいが弱小という出発点から、比較的自立し、整った現代的工業体系、国民経済体系、現代的教育体系、衛生医療体系、現代的科学技術体系、現代的国防軍事体系を作り上げ、中国の社会主義現代化の発展のための物質的資本、人的資本、科学技術資本、国防資本、制度的資本という基礎と、世界の大国という地位を固めた。「中国の道」の探求と開拓においても、深刻な曲折を経て、大きな代価を払うと同時に、後に続く人達が成功するための貴重な経験と深い教訓を提供してきた。これらは全て我々の政治的財産である。[23]

鄧小平同志を核心とする党の第二世代中央指導部は、団結して全党、全国の各民族と人民を率い、改革開放の偉大な歴史的過程を始動させ、中国の特色ある社会主義現代化建設の新たな道を開拓し、社会主義事業発展の新たな時期を切り開いた。社会生産力は大きく解放され、「豊かになる」という問題が解決され始め、「先富論（訳者注…豊になる条件を持った一部の者や地方が他に先んじて豊になることを容認した方針）」を手段として、沿海地区を率先して発展させる戦略を実行し、発展を欠いた国が陥る最大の「貧困の罠」から抜け出すことに成功し、[24]十一億人の人民の衣食の問題を基本的に解決し、中国現代化建設の「三つのステップ」の第一歩の目標実現に成功した。

江沢民同志を核心とする党の第三世代中央指導部は、団結して全党、全国の各民族と人民を率い、改革開放を堅持した。西側覇権が中国を制裁すると同時に、世界社会主義に深刻な挫折が発生するという二重の圧力の下、依然として社会主義の政治的方向を堅持し、社会主義市場経済体制を新たに打ち立て、アジア金融危機という外部からの衝撃に成功裏に対応し、発展の加速を主題として、人民の生活は全体的に「小康」水準に達し、多くの人を豊かにし、中国現代化建設の「三つのステップ」の第二歩の目標実現に成功した。また、香港、マカオの祖国復帰実現に成功し、中国の特色ある社会主義の偉大な事業を二十一世紀に向かって推し進めることに成功した。

胡錦濤同志を総書記とする党中央集団指導部は、重要な戦略的好機をしっかりとつかみ、十数億人の人口に恩恵が及ぶ「小康社会」の全面的完成を核心的目標として、人間本位の「科学的発展観」を打ち出した。全面的でバランスのとれた持続可能な発展を強調するとともに、調和のとれた社会主義社会を構築し、エコ文明の建設を加速させ、徐々に「三位一体」「四位一体」の社会主義現代化の全体的布石を形成した。WTO加盟を契機として、中国の国内及び対外的な発展の空間は極めて大きく広げられ、国際金融危機が中国にもたらす外部からの深刻な打撃に成功裏に対応した。この時期、中国の経済的実力や貿易力は世界第二位に躍進し、所得段階は中の下から中の上に向上し、絶対的多数の人を豊かにし、世界で最大規模の中の上の所得社会となった。

中国の特色ある社会主義現代化の道は、一度に完成できるものではなく、何度も革新と発展、成功と失敗の歴史的過程を経てきた。受け継がれ、相互につながり、時代とともに進歩し、不断に革新し、昇華し、世代交代するという特徴を有する。また、異なる時期の中国の指導者による、中国の社会主義現代化に対する異なる認識と不断の飛躍を反映している。

過去七十年近くの新中国の社会主義現代化の歴史を総括すると、「中国の道」とは、実践の中で「学習、試行錯誤、改革、完成、昇華」をたどってきた道である。中国の指導者は、決して書物、西洋(人)、教条主義を過信することなく、「世界中どこにでも通用する」という「普遍的」モデルが世界に存在するなどと信用せず、外国のモデルを猿真似することはなかった。中国の指導者及び人民は、世界の先進的な国や地域から学ぶことに非常に長けているが、その学び方は丸写しや真似ではなく、参照し、参考にする、また、転換し、革新するというやり方である。例えば、中国はソ連の五カ年計画を学び、それを土台に、中国の特色ある五カ年計画と中長期計画を新たに生み出した。[25] 更に、中国は西側諸国の市場経済を学び、参考にし、中国の特色ある社会主義市場経済を新たに生み出した[26]。特に、自国生まれのものを尊重し、実験の経験を広めることを重視した。例えば、小崗村（訳者注…安徽省鳳陽県の村）で始まった「各家庭による生産請負」から、全国への生産責任制度の普及と各地での進化である。

独立自主を堅持し、中国の国情に立脚し、大胆に探求し、実践と実験の中で学習と調整を行い、具体的な問題と分析について学び取り、全肯定や全否定を防ぎ、風呂水を捨てると同時に（間違いを犯す一方）、赤子はすくい上げた（正しいことをした）。このことは、世界には最善の体制はなく、完璧な体制もなく、あるのは自身に合う体制だけであるということを教えてくれる。そうした体制というは、あらかじめ意図して設計されるものではなく、石橋を叩いて渡り、試行錯誤を繰り返して生まれるものである。つまり、真理を堅持し、常に間違いを正していくということである。

第十八回党大会以来、習近平同志を核心とする党中央は、全党、全軍、全国の各民族と人民を率い、中国の特色ある社会主義を堅持し、発展させ、七十年近くの社会主義現代化の道の成功経験と深い教訓を系統的に総括し、継承し、改革開放を節目とする前後二つの歴史的時期に対する正しい評価を下した。習近平は、「この二つは相互に関連すると同時に、重要な違いのある時期であるが、本質的には、いずれも我々の党が人民を率いて行った社会主義建設の実践的探求である。中国の特色ある社会主義は、改革開放という新たな歴史的時期に切り開かれたものであるが、新中国がすでに築き上げた社会主義基本制度と、その二十年余りにわたる整備という土台の上で切り開かれたものである」[27]と指摘している。「中国の道」とは、今日の中国という大物語である。これについて、習近平は、「現在、我々の世代の共産党人の任務は、この大物語を描き続けることである」[28]と述べている。

習近平同志を核心とする党中央は、国内外の発展の全体的局面を総覧し、未来の発展の大勢を把握し、経済発展、社会発展、人類発展の法則を深く理解し、一連の国政運営の新理念、新思想、新戦略を形成し、「人民を中心とする」社会主義現代化発展思想を打ち出した。また、統一的な計画の下で社会主義現代化の「六位一体（国防・軍隊建設を含む）」の全体的布石を進め、協調して「五つの全面（世界協治への全面的参加を含む）」の戦略的施策を進め、中国の特色ある社会主義の偉大な事業の全く新しい局面を切り開き、「中国の道」という大物語を描き続けた。[29] 中国はまさに新時代に入りつつあり、世界の強国としての時代に入りつつあり、世界の舞台の中心に歩み入りつつある。

四、社会主義現代化の歴史的過程――十大転換

新中国成立七十年近くの発展の歴史的過程は、常に一つの主題を取り巻いている。すなわち、中国の国情という条件の下、いかに社会主義現代化を進めるかということである。このことは、社会主義初級段階という条件の下、どの社会主義現代化の要素に変化が発生するか、社会主義現代化の歴史的過程はどのように変遷してきたかという問題に関わってくる。社会主義初級段階では、非先進的要素と先進的要素、制限的要素と動力的要素、不利な要素と有利な要素などが常に同時に存在し、相互に競合し、入れ替わり、相互に転換し、中国の工業化、情報化、都市化、農業現代化の歴史的過程を促進すると同時に、制約してきた。

全体的な趨勢として、非先進的要素とその範囲は縮小し続けており、一方では脱非先進化の過程で現れる非先進的要素が絶えず減少し、非先進的特徴から不断に乖離している。もう一方で、先進化の過程で現れる先進的要素が急速に増加しており、先進的特徴が明らかに強化されている。これが、中国の大地（国土と海洋）で起こっている現代化の過程であり、この過程の差異性、不均衡性、長期性を示しており、量的変化から部分的な質的変化、更に量的変化から質的変化を繰り返す基本的特徴も示している。

そこで、中国の社会主義現代化の変遷の歴史的過程は、十大転換と総括することができる。

第一に、社会主義現代化の過程は、徐々に非先進状態から脱却し、中位先進に向かって不断に前進する過程であり、平均所得水準の断続的な向上に顕著に表れている。平均所得水準の向上は社会主義現代化実現の経済的基礎である。社会主義現代化建設の核心的目標は、人間の全面的な発展の実現である。そして、平均所得の向上は、この目標を実現する直接的な手段であり、基本的保障である。これまでのところ、中国は極めて低い所得段階（一九七八年以前、一人当たりGDP六百三十七ドル以下、購買力平価二〇一一年国際ドル。以下同じ）から低所得段階（一九九〇年、一人当たりGDP千五百十六ドル）、更に中所得段階（二〇〇〇年、一人当たりGDP三千六百七十八ドル）から中の上の所得段階（二〇一〇年、一人当たりGDP九千四百三十ドル）という歴史的飛躍をすでに実現した。社会主義現代化建設の次の段階においては、中国は「中所得国の罠」を跳び越え、高所得国の列に加わることに成功し、世界最大規模の中の上所得人口社会から世界最大規模の高所得人口社会になることが見込まれる。

第二に、社会主義現代化は、全人民の発展能力、発展水準を不断に高める歴史的過程であり、人間開発水準の不断の向上に顕著に表れている。人間開発水準は、社会主義現代化の発展水準を評価する核心的指標の一つである。人間開発指数（ＨＤＩ）は、期待寿命、教育水準、生活の質から、一国の経済社会発展水準を測ったものである。人間開発指数の上昇は、人民のより全面的かつ高水準な発展、人民の人的資本現代化水準の不断の向上を意味している。これまでのところ、中国は極めて低い人間開発水準（一九七八年以前、ＨＤＩ〇・四〇〇以下）から高人間開発水準（二〇一一年、ＨＤＩ〇・七〇〇以上）への飛躍をすでに実現し、二〇一五年の中国のＨＤＩは〇・七三八に達し、百八十八カ国中九十位である。社会主義現代化建設の次の段階においては、中国は極めて高い人間開発水準（ＨＤＩ〇・八〇〇以上）の国の仲間入りすることが見込まれ、これは「ポスト小康社会」の重要な指標の一つである。

第三に、社会主義現代化は、全人口に占める貧困人口の比率を徐々に下げ、最終的に貧困人口を撲滅する発展過程であり、農村の貧困発生率の断続的かつ大幅な減少に顕著に表れている。農村の貧困発生率の断続的な減少は、現代化建設が社会主義の本質的要請に応えられているかを測る重要な指標である。社会主義現代化建設は全人民の現代化であり、現代化建設の成果が全ての家庭、全ての人に恩恵をもたらすことを求めており、農村の貧困発生率の減少は中国の現代化建設における社会主義の本質的特徴を十分に体現している。これまでのところ、中国は農村の貧困発生率を一九七八年の九七・五％から二〇一六年の四・五％まで減少させるという重要な飛躍をすでに実現し、農村の貧困人口も七・七〇億人から四千三百三十五万人まで減少した。二〇二〇年には、最後の農村貧困人口は全て貧困から脱し、貧困県は全て汚名を返上し、地域的な全ての貧困が解決される。これは、中国が四十年余りの時間（一九七八－二〇二〇）をかけて、世界最大規模の貧困人口社会から世界最大規模の中の上所得の「小康社会」に変化したことを意味しており、人類発展史上の奇跡である。

第四に、社会主義現代化は、人民の生活水準が不断に向上し、貧困から衣食の充足、「小康」から全人民の富裕、更なる富裕への発展過程であり、都市住民と農村住民の消費構造の改善に顕著に表れている。都市住民と農村住民の消費構造の改善は、社会主義現代化経済建設の重要な成果である。都市住民と農村住民の消費構造の改善は、平均所得水準の向上が人民の生活水準を真に改善したことを意味しており、現代化建設が人民の所得処分の自由と発展の自由をしっかりと高めたことを意味している。農村住民のエンゲル係数（生活の消費支出に占める食費の割合を指す）を見ると、これまでのところ、中国は絶対的貧困型（一九八三年以前、農村住民のエンゲル係数六〇％以上）から富裕型（二〇一二年、農村住民のエンゲル係数四〇％以下）という歴史的飛躍をすでに実現した。二〇一六年には同係数はすでに三二・二％まで下がり、更なる富裕型（農村住民のエンゲル係数三〇％以下）に近づいている。二〇二〇年には更なる富裕型となり、これは「小康社会」の全面的完成の最重要指標の一つである。

第五に、社会主義現代化は、伝統的農業国から徐々に工業化、情報化、都市化、農業現代化を実現する発展の過程である。経済構造の改善は、社会主義現代化の実現のため必ず通らなければならない道である。社会主義現代化の実現は、生産性の大幅な向上を基礎とせねばならず、その過程において、経済構造が高度化、合理化に向かって改善するという状況を伴わなければならない。これまでのところ、中国は工業化、現代化の停滞（建国初期、国民経済に占める現代的経済の割合はわずか一〇％）から工業化、ポスト工業化に向けた時代への移り変わり（二〇一六年、GDPに占める工業付加価値の比率は断続的に三分の一まで減少、GDPに占めるサービス業の比率は断続的に上昇し、二分の一を超過）という歴史的飛躍をすでに実現した。将来の方向性は、現代化経済体系を整備し、品質第一と利益優先を堅持し、サプライサイドの構造改革を主線とし、全要素の生産性を高めることである。新型の工業化、情報化、デジタル化と現代サービス業が融合して発展することを通じて、中国経済がより高度な形態、より改善された分業、より合理的な構造という段階に向かって進化するよう推進する。これは、先進経済体の産業構造に向かう歩みの重要な指標の一つである。

第六に、社会主義現代化は、農業人口の比率が非常に高く、主として手仕事に依存する状態から、非農業人口が多数を占め、現代的農業と現代的サービス業が主導する工業化国家へ徐々に転換する歴史的過程である。産業と産業人口の現代化は、社会主義現代化の重要な構成部分である。社会主義現代化は必然的に経済体系の現代化、生産の現代化、産業の現代化、企業の現代化を必要とし、必然的に産業人口のより高度な産業形態への大規模な移動を伴う。これまでのところ、中国は農業を最大の就業分野（一九七八年、全就業人口に占める農業就業人口の割合七〇・五％）とする状況からサービス業が最大の就業分野（二〇一五年、全就業人口に占めるサービス業就業人口の割合四〇％以上）となる歴史的飛躍をすでに実現した。将来、新型のサービス業化、都市化、情報化、デジタル化の持続的な発展に伴い、サービス業就業人口の比率は変わらず上昇を続け、農業と工業の就業人口は下がり続けることになろう。これは、先進経済体の就業構造に向かう歩みの最重要指標の一つである。

第七に、社会主義現代化は、地域の経済社会発展の大不均衡から、順番に発展し、徐々に格差を縮める過程である。地域の均衡のとれた発展は、社会主義現代化社会の全面的完成の重要な保障である。順序良く、徐々に均衡させることは、中国の地域発展の重要な戦略であり、地域格差を縮め、均衡のとれた発展を実現することは主要な目標となった。これまでのところ、中国は「一帯一路」戦略、北京・天津・河北協同発展戦略、長江経済ベルト戦略の三大支柱ベルトと、東部沿海、中部、西部、東北の四大経済ボードが融合した「東西に跨り、南北を貫く」大局面をすでに形成した。これにより、地域統合、全国統合の推進がより便利となり、更に「一帯一路」の地域統合、国際統合を推進し、地域格差の持続的な縮小を大いに促進した。これは、中国の地域発展が長期的な不均衡から均衡のとれた発展、主体的な発展、共同発展へと向かう歩みの最重要指標の一つである。

第八に、社会主義現代化は、文盲・半文盲の比率が非常に高く、科学技術教育が立ち遅れた状態から、科学技術教育が比較的発達した状態に徐々に転換する歴史的過程である。科学技術教育の整備と平均的教育水準の向上は、社会主義現代化の重要な体現である。社会主義現代化は、本質的に人間の現代化であり、科学技術と教育の整備は人間の現代化実現の重要な通り道である。これまでのところ、中国の生産年齢人口の平均教育年数は、一九四九年の一・〇年から二〇一五年の一〇・二年まで向上し、一九四九年の一〇・二倍となり、人的資本水準の歴史的飛躍を実現した。これは、「人民中心」「人民への投資」という社会主義現代化の本質と核心的要点を十分に体現している。

第九に、社会主義現代化は、人と自然の間の距離が拡大する状態から徐々に縮小させ、人と自然が調和して付き合っていく長期的過程である。人と自然の関係は、社会主義現代化建設のプロセスにおける最も重要な関係の一つである。人と自然の関係に対する認識、位置付け、態度は、社会主義現代化建設の科学性と持続可能性に関わる。中国の人と自然の距離はまず拡大し、それから縮小するという過程を経験した。第十三次五カ年計画の時期から、中国は生態環境の質を全体的に改善させる段階に入り、生産方式と生活様式のグリーン及び低炭素の水準が向上し、エネルギー資源の開発と利用の効率が大幅に改善し、主要な汚染物質の排出総量が大幅に減少し、地域の機能分化と生態環境安全障壁が基本的に形成されるだろう。これは、中国がエコ文明建設時代、グリーン発展時代、エコ黒字時代に入ることを意味している。

第十に、社会主義現代化は、世界の先進的水準との格差を徐々に縮め、社会主義の基礎の上に中華民族の偉大な復興を実現する歴史的過程である。中国が社会主義現代化を実現するプロセスは、中国が世界の舞台の中心に回帰し、民族の偉大な復興を実現する過程でもある。米国を追いかける目標とし、GDP総額の指標（購買力平価、二〇一一年国際ドルで計算）、輸出額、発電量、発明特許申請件数の四つの指標から見て、中国は一九五〇年の全面的な立ち遅れから、二〇一五年、経済、国際競争力、現代化、技術革新などの面で全面的に追いつくという偉大な転換をすでに実現した。これは、中国の社会主義制度の優位性と巨大な潜在力を直接的に反映している。

まとめると、中国が経た七十年近くの時間というのは以下のようなものである。「一盤散沙」「四分五裂」から国家は高度に統一、各民族はかつてなく団結し、世界政治強国へ。世界の工業後進国から世界工業強国へ。交通後進国から世界の現代的交通大国へ。世界最大の伝統的農村社会から世界最大の現代的都市社会へ。「物質的・文化的貧困」から「世界経済強国」へ。「文盲氾濫大国」から「人的資源強国」へ。「東アジアの病人」から「健康中国」へ。貧乏人口大国から「小康社会」へ。「技術革命後進国」から「世界イノベーション国」へ。閉鎖・半閉鎖社会から全面開放社会へ。閉鎖的、後進的な文化の国から開放的、先進的な中華文化ソフトパワー強国へ。図体は大きいが弱小の国から今日の世界総合的国力強国へと成長し、世界の舞台の中心に歩み入った。これら全ての変化は、中国の社会主義現代化の前進の歴史的過程と大きな成果を反映している。[30]

1 毛沢東「革命の転換と過渡期における党の総路線」（一九五三年十二月）『毛沢東文集』第六巻、人民出版社、一九九九年、三一六頁
2 「中国共産党規約」（一九五六年九月二十六日、中国共産党第八回全国代表大会にて採択）『中国共産党規約集（第一回党大会から第十八回党大会まで）』中共中央党校出版社、二〇一三年
3 『周恩来選集』下巻、人民出版社、一九八四年、四三九頁
4 『周恩来選集』下巻、人民出版社、一九八四年、四七九頁
5 趙紫陽「中国の特色ある社会主義の道に沿って前進しよう―中国共産党第十三回全国代表大会における報告」一九八七年十月二十五日
6 江沢民「鄧小平理論の偉大な旗印を高く掲げ、中国の特色ある社会主義事業の建設を二十一世紀に向かって全面的に推し進めよう―中国共産党第十五回全国代表大会における報告」一九九七年九月十二日
7 江沢民「小康社会を全面的に建設し、中国の特色ある社会主義の新局面を切り開こう―中国共産党第十六回全国代表大会における報告」二〇〇二年十一月八日
8 『第十六回党大会報告副読本』人民出版社、二〇〇二年版、八〇頁
9 胡錦涛「中国の特色ある社会主義の偉大な旗印を高く掲げ、小康社会の全面的建設の新たな勝利を勝ち取るために奮闘しよう―中国共産党第十七回全国代表大会における報告」二〇〇七年十月十五日
10 『第十七回党大会報告副読本』人民出版社、二〇〇七年版、九二頁
11 習近平「小康社会の全面的完成の決戦に勝利し、新時代の中国の特色ある社会主義の偉大な勝利を勝ち取ろう―中国共産党第十九回全国代表大会における報告」二〇一七年十月十八日
12 江沢民「鄧小平理論の偉大な旗印を高く掲げ、中国の特色ある社会主義事業の建設を二十一世紀に向かって全面的に推し進めよう」（一九九七年九月十二日）『江沢民文選』第二巻、人民出版社、二〇〇六年版、三三三頁

13　胡鞍鋼『二〇二〇年の中国：小康社会の全面的建設に向けて』清華大学出版社、二〇〇七年。胡鞍鋼『二〇二〇年の中国：小康社会の全面的完成に向けて』清華大学出版社、二〇一一年

14　「文化体制改革の深化及び社会主義文化の大発展と大繁栄の推進における若干の重大問題に関する中共中央の決定」二〇一一年十月十八日

15　一九九一年、胡鞍鋼は、中国現代化の優位性を分析する中で、以下のことを指摘した。中国は後発の現代化国家として、多くの後発優位性を備えている。工業化の初期及び中期において、適当な技術、作業方法、経営の知見、企業の組織と制度を直接取り入れ、外資を導入し、他国の現代化の経験と教訓を参考にし、回り道を少なくし、前車の轍を踏まず、現代化の過程が何らかの副作用や大きな痛みを伴うことを防ぎ、飛躍的発展を実現し、工業化と現代化の時間を短縮することができる。目下、世界経済一体化の勢いがますます強まり、平和と発展が世界の主流となっている中、全方位の開放を通じて、国際競争に加わることは、国内の産業構造を改善し、経済構造の現代化に向けた転換を促す上で有益である。また、労働力が豊富で、生産コストが比較的低いことが中国最大の現実的な潜在力である。うまく組織し、うまく運用しさえすれば、経済成長の重要な源泉である人的資本は、巨大な社会の富を生み出すことができる。胡鞍鋼『中国：二十一世紀に向けて』中国環境出版社、一九九一年、一四〇頁

16　相当な長期間、例えば十八世紀までの数千年の間、西欧諸国の平均所得は六百三十年ごとにようやく倍増した。現代資本主義が広く普遍化した後、西欧諸国の平均所得は五十年から六十年ごとに倍増するようになり、米国は四十年、日本はわずか二十五年でそれを成し遂げた。トーマス・K・マクロウ『シュンペーター伝―革新による経済発展の預言者の生涯』（中国語版）中信出版社、二〇一〇年、Ⅵ頁

17　一九七八年から二〇一〇年の間、中国の一人当たりGDPの年平均成長率は八・八％であり、八年ごとに倍増している計算になる。国家統計局編『中国統計摘要（二〇一一）』中国統計出版社、二〇一一年、二五頁

18　一九六四年、毛沢東は以下のとおり指摘している。後から来た者が追い越していくのは当然のことである。中国は多くの優れた条件を備えており、比較的長くはない時間で科学技術先進国の水準に追いつき、追い越すことに、我々はもっと自信を持つべきである。簡単に言えば、我々は数十年の時間で、西側ブルジョワジーが数百年の時間をかけてようやくたどり着いた水準まで追いつき、追い越さなければならない。『建国以来毛沢東文稿』第十一巻、中央文献出版社、一九九六年、二七二頁

19　鄧小平「中華民族の振興」（一九九〇年四月七日）『鄧小平文選』第三巻、人民出版社、一九九三年、三五七頁

20　国務院新聞弁公室『中国の平和的発展』白書、二〇一一年九月

21　習近平同志は以下のとおり指摘している。古い中華文明は昔から世に知られており、歴史上最も古い世界四大文明として、古代エ

ジプト文明、メソポタミア文明、インダス文明と並び称されている。しかし、エジプト、メソポタミア、インダスの三つの地域の古代文明は後に途絶えてしまった。中華文明だけが、五千年にわたって受け継がれ、途絶えることなく、今日まで続いてきた。習近平「指導的立場の幹部は歴史を学ぶべきである—中央党校二〇一一年秋季学期始業式における講話」『学習時報』二〇一一年九月五日

22 ロバート・シャピロ元米国商務次官は、以下の見解を示している。厳密に言えば、中国最大の優位性は経済ではなく、政治である。中国は一貫して権威体制を維持しており、指導層は強大な政治権力と政策決定能力を有していると同時に、広く社会からの支持も得ている。これは、インドやブラジルなどの発展途上大国では想像できないことである。このような唯一無二の権威体制は、大国として類いまれな政治能力と社会規律を中国に与えており、その現代化の過程が億万の庶民の正常な生活に影響を与えるのか、強大なエネルギーを持つ利益集団を生み出すのかに関わらず、中国は現代化の道を猛進することができる。ロバート・シャピロ『二〇二〇－十年後の世界新秩序を予測する』（中国語版）中信出版社、二〇〇九年、一六〇頁

23 詳細な分析については、胡鞍鋼『毛沢東時代：中国政治経済史論』の第七章「毛沢東時代の歴史的評価」参照（清華大学国情研究院、二〇一六年、六〇三－六五三頁）

24 開発経済学における「貧困の罠」とは、経済の悪循環により、発展途上国が貧困で遅れた状態から容易に抜け出せないことを指す。

25 ソ連の五カ年計画は、基本的に経済面の工業化と重工業化に重点を置いていた。中国の五カ年計画と中長期計画は、とうに経済面に限らず、社会、文化、科学技術、生態環境などの分野に及んでいる。

26 中国の特色ある市場経済と、伝統的な西側方式の市場経済との最大の違いと革新は、我々は市場という見えない手だけでなく、「五カ年計画」及び中長期戦略的計画の指導の下での目に見える政府の手も有しているという点である。従って、「両手」を合わせることで、片手よりもうまく、安定し、速くなる。

27 中共中央宣伝部『習近平総書記系列重要講話読本』学習出版社、人民出版社、二〇一六年、三〇－三一頁

28 中共中央宣伝部『習近平総書記系列重要講話読本』学習出版社、人民出版社、二〇一六年、三八頁

29 「六位一体」とは、経済建設、政治建設、文化建設、社会建設、エコ文明建設、国防建設を指す。「五つの全面」とは、「小康社会の全面的完成、改革の全面的深化、全面的な法に基づく国家統治、全面的な厳しい党内統治、世界協治への全面的参加を指す。胡鞍鋼「『五つの全面』の戦略的施策と『六位一体』の全体的布石—第十八回党大会以来の国政運営に対する評価」（『国情報告』専門誌、二〇一六年第十一期）参照。

30 詳細な分析は、胡鞍鋼、鄢一龍『中国の国情と発展』中国人民大学出版社、二〇一六年版、五〇三－五一〇頁参照。

第二章 人民中心の全面的現代化

人民中心の発展思想とは、抽象的で深遠な概念ではなく、口先や思想領域だけにとどまってはならず、経済社会発展の各領域において体現されねばならない。

——習近平（二〇一五）

分かち合いの理念の実質とは、すなわち人民中心の発展思想を堅持することであり、共同富裕の着実な実現という要求となって現れる。共同富裕とは、マルクス主義の基本的な目標であり、古来中国人民の基本的思想でもある。

——習近平（二〇一六）

人民中心を堅持する。人民こそは歴史の創造者であり、党と国家の前途と運命を決する根本的な力である。人民の主体的地位を堅持し、公のための立党と人民のための執政を堅持し、誠心誠意人民に奉仕するという根本的目的を実践し、国政運営のあらゆる活動において党の大衆路線を貫徹し、人民の素晴らしい生活への憧れを奮闘目標とし、人民を頼みとして歴史的な偉業を成し遂げていかなければならない。

——習近平（二〇一七）

中国の社会主義現代化は、現代化の要素において先進国の水準を追いかけ、追いつくことにとどまらない。更に重要なのは、伝統的な西側資本主義の現代化とは異なり、なおかつそれに優越する本質的な革新である。

中国の現代化は中国の特色ある社会主義の現代化であり、本質的に人民を中心とする全面的な現代化である。現代化要素、社会主義要素、中国要素、グリーン要素、中国共産党の指導要素という五大基本要素を有しており、これら要素は共に作用し、共に人民中心の現代化を推進している。

習近平同志の「人民中心」の発展思想は、次の五つの内容を含んでいる。一つ目は、発展の目的は人々の自由と全面的な発展を実現するという、マルクス主義が追求する目標であること。二つ目は、現代化の本質は人民の現代化であり、物質の現代化は人民の現代化に奉仕するものであるということ。三つ目は、人民は発展の主体であり、人民は現代化のプロセスを進める最大の動力であるということ。四つ目は、発展の根本的動力は人民の積極性と創造性を喚起することであり、大衆を信じ、大衆を頼り、社会主義現代化を共同で進めること。五つ目は、発展の成果は全人民で共有するものであるということ。これらは社会主義現代化実現の思想的魂であり、理論的根拠である。

中国の社会主義現代化は、本質的に人間の全面的発展の現代化である。これは「中国共産党規約」に依拠しており[1]、個人、社会、国家、世界の各面の現代化を含んでいる。個人の面を見ると、マルクス主義の人間の自由、全面的発展の思想を十分に体現している[2]。社会の面については、先進的な共同富裕社会の構築である。国家の面については、社会主義現代化強国を築き上げることである。世界の面については、平和、発展、協力、共栄の旗印を高く掲げ、人類運命共同体の提唱者、実践者、先導者となり、一貫して世界平和の構築者、世界発展の貢献者、国際秩序の守護者を務めることである。[3]

一、「経済建設中心」から「人民中心」への飛躍

中国の特色ある社会主義現代化の社会実践における重要な進歩は、常に党の理論の飛躍的な発展と共にあり、経済現代化から人民現代化への重要な飛躍を反映してきた。まさに毛沢東が述べたとおり、「人々の認識は実践と試練を経て飛躍を生む。新しい飛躍の意義はそれまでの飛躍よりも更に偉大」[4]である。

中国の特色ある社会主義は新時代に入った。発展段階から見ると、すでに中の上所得水準段階に入り、高所得水準と極めて高い人間開発水準に向かって突き進み始め、中国の特色ある社会主義現代化の歴史的プロセスを大いに推し進め、必然的に理論上の革新と飛躍を実現している。これは、「経済建設中心」から「人民中心」への昇華と飛躍という形で特に顕著に表れており、まさに習近平同志が掲げた「人民中心」の発展思想である。この思想体系は中国共産党の執政の魂であり、毛沢東に由来し、鄧小平その他の重要思想を継承し、不断の探求と飛躍という形成過程を経たものである。

毛沢東同志は、「人民大衆は歴史の創造者である」と述べ、党と軍は誠心誠意人民に奉仕すべき旨を定め、大衆路線は毛沢東思想の生きる魂の三つの基本的側面の一つとなった。[5]

一九五六年、第八回党大会の路線は、全国人民の主要任務は力を結集して生産力を発展させ、国家の

工業化を実現し、日増しに増大する人民の物質面、文化面での要求を徐々に満たすことであるとした。しかし、歴史とは曲がり道をたどって前進していくものであり、第八回党大会の路線はその後否定され、「階級闘争をかなめとする」に取って代わられた。

第十一期三中全会は、「階級闘争をかなめとする」という社会主義社会にふさわしくないスローガンの使用をきっぱりと中止し、任務の重点を社会主義現代化建設に移すという重要な決定を行った。[6]その後の党の基本路線は「経済建設中心」と要約できる。一九八二年に定められた党規約の「総綱（前文）」は、中国共産党の任務の重点は、全国の各民族と人民を指導して、社会主義現代化経済建設を進めることである旨を掲げた。そしてその目的は、生産の発展と社会の富の増幅を基礎として、都市と農村の住民の物質的、文化的生活水準を徐々に引き上げることである。[7]このような記述は「人民中心」という思想の含意を体現している。

これは、歴史上の重要な転換点であり、中国の特色ある社会主義現代化の道を切り開いた。歴史の視点から見て、これは典型的な経済面の現代化、物質面の現代化に対する要請を反映している。「経済建設中心」は中国の特色ある社会主義現代化の道の出発点であるだけでなく、その道の初級段階であり、避けて通れない段階である。鄧小平は、「貧窮は社会主義ではない」[8]ということ、核心的任務は「豊かになる」という課題の解決であるということ、さもなければ、中国は極貧時代（一九七八年、農村の貧困人口発生率は九七・五％にも及んだ）の中から「貧困の罠」を突破することはできず、衣食問題の解決や「小康」水準の達成が不可能なことは言うまでもないことをはっきりと認識していた。

江沢民同志は、「中国の最も広範な人民の根本的利益を代表する」ことを核心とする「三つの代表」

の重要思想を打ち出し、人民の現代化の特徴を体現した。人民は社会主義現代化建設の根本的出発点と着地点になり始め、この思想は、党が代表する「中国の先進的な社会生産力の発展の要求」と「中国の先進的文化の前進の方向」というのは、根本的にはやはり広範な人民の物質的要求と精神的要求を満たすためのものであることを強調している。

胡錦濤同志は「人間本位」の「科学的発展観」を打ち出し、これは中国の現代化は人間の現代化であるという特徴を反映している。「科学的発展観」の正式な発表は、人間を発展の核心と見なし、発展は人民のためであり、発展は人民を頼りとし、発展の成果は人民に共有されるということを明確にした。全面的、調和的、持続可能な発展は、本質的には「人間の全面的発展」を実現するためのものである。「国家統治の常は、民の利益を根本とすることである」[9]

科学的社会主義が人類のあらゆる文明の成果の結晶となった鍵は、人民の主体性を強調し、「人民大衆は歴史の創造者である」という原理を系統的に思想、理論、実践の中に取り入れ、あらゆる科学的理論と、社会発展の出発点及び着地点を人民に帰結させたからにほかならない。

習近平同志は、「人民中心」の発展思想を掲げた。人民は歴史の創造者であり、党と国家の前途と運命を決する根本的な力である。人民の主体的地位、公のための立党と人民のための執政を堅持し、誠心誠意人民に奉仕するという根本的目的を実践し、国政運営のあらゆる活動において党の大衆路線を貫徹し、人民の素晴らしい生活への憧れを奮闘目標とし、人民を頼みとして歴史的な偉業を成し遂げていかなければならない。[10] このことは、単なる人間の現代化の徹底にとどまらず、全人民の現代化を意味しており、物質面での現代化が人間の現代化に資し、「六位一体」の現代化が全人民の現代化に資することを十分に表している。

二、人民中心の社会主義現代化の内容

習近平同志が掲げた「人民中心」の発展思想は、党の思想の魂、党の国政運営の魂であり、社会主義現代化の根本的目的を明らかにした。この思想は、五つの深い意味を含んでいる。

第一に、社会主義現代化の目的は、人間の全面的発展である。マルクスは、無産階級が革命運動を行う目的は、束縛を破り、人類の解放を実現することによって、全ての人の自由で全面的な発展を実現することであると指摘している。中国共産党が他の政党と異なる最も重要な点は、社会主義現代化の目的を「人間の全面的発展」に置いている点である。人間の全面的発展とは、経済発展、社会発展、文化発展、政治発展及びエコ文明建設の全面的な発展を含み、各個人の自由な発展、全面的な発展も含んでいる。中国の発展計画（五カ年計画や中長期計画など）は、マクロ的な発展と各個人の発展を結びつけており、全人民の共同発展の計画というのがその本質である。人間の全面的発展とは、「人間が一人の独立した存在として、自身の全てを占有している」[11]状態である。これは、伝統的な開発経済学の概念において、物質面での蓄積や特定の単一的な指標を発展の物差しとする理解の枠組みとは異なり、人間の人生周期全体を発展が内包すべき対象としている。中国共産党は、まさにこうした思想を具体的な国家の計画と行動の中で実行し、抽象的な人間を実体的な人間にしている。

第二に、社会主義現代化の実質は人間の現代化であり、単なる物質面での現代化ではない。社会主義現代化の目的は、人間の全面的発展の実現であり、その実質は必然的に人民の現代化ということになる。人間の現代化は本質的に、十数億人の中国人民に対する人的資本投資である。すなわち、異なる年齢における人的資本投資を通じて、人間の全面的発展と社会の全面的進歩を促進する。このため、発展の過程において必要とされるのは、単なる物質的要素の現代化だけではない。より重要なのは、人間の人生周期全体に奉仕する物質、精神、社会、文化、生態環境、安全などの要素の現代化の飛躍である。従って、発展の過程において、我々は人間を出発点、着地点そして核心とし、経済建設、精神建設、社会建設、文化建設、生態環境建設が全面的に協調して発展するよう推し進め、最終的に全人民の現代化を実現する。

第三に、人民は社会主義現代化の主体である。弁証法的唯物史観の科学性は、人民大衆が歴史を創造する動力であり[12]、社会の富を創出する主体であると認識することにある[13]。社会主義現代化の本質は、人民がその過程において自由な発展を実現し、「必然性の国」から「自由の国」に向かうことである。この過程においては、いかなる人の発展も他人の助けを必要とし、あらゆる人の発展自体が他人の発展に外在的影響を及ぼす。ゆえに、各主体の発展の間に相互補完性と関連性が形成され、発展は単なる個人の自由な発展、全面的な発展ではなくなり、他人との相互的な発展、共有される発展、共同の発展となる。このような「発展共同体」は、中国の十数億人だけで形成される「利益共同体」にとどまらず、国家や集団の間の対立を超越し、世界人民を一つにまとめた「人類運命共同体」でなければならない。「人類運命共同体」の中にあって、人間は初めて「その能力を全面的に発展させる手段を得る」[14]ことができ、「個人の自由な発展と活動の条件を彼ら（自己）の制御の下に置く」[15]ことができる。

第四に、社会主義現代化の根本的動力は、人民の積極性と創造性を喚起することである。国家統治の現代化の最終目標は、まさに人民の積極性を不断に喚起し、人民の生産力を不断に解き放つことである。国家統治の現代化と改革の全面的深化の目標は、人民の目標と国家の目標の結合、人民の利益と国家の利益の結合を必要としている。第十八回党大会以来、一連の制度設計と改革は全て「人民」にしっかりと寄り添うものであり、人民大衆の積極性と創造性を十分に喚起し、人民大衆と各地方、各機関の思想と行動を「人民中心」の発展思想に統一させた。そうすることで、理念、目標、動機、行動、結果の一致を実現している。

第五に、社会主義現代化は、社会の全面的発展を大いに促進し、人間の全面的発展をよりしっかりと保障している。中国社会の主な矛盾は、日増しに高まる人民の素晴らしい生活に対する要求と、不均衡で不十分な発展の間の矛盾に変わっている。人間の全面的な発展は、社会の全面的な発展に依存している。そのため、「発展の不均衡、不十分という問題の解決に力を入れ、発展の質と利益を大幅に引き上げ、日増しに高まる人民の経済、政治、文化、社会、生態環境などの面における要求をより良く満たし、人間の全面的発展、社会の全面的発展を促進する」[16]ことが必要である。

党は成立以来、常に「人民中心」を立党の礎、執政の源としてきた。これは、無産階級の政党としての本質的条件であるとともに、中国は人口が多く、発展の格差が大きいため、各主体の利益、短期的利益、一部の利益の間の衝突が絶えないからでもある。しかし、世界最大の発展途上国として、コーナリングで仕掛け、追い越しを実現するためには、強力な政党が全人民の利益、根本的利益、長期的利益を代表することが不可欠である。そうして初めて、党の利益、国家の利益、人民の利益が有機的に、高度につながり、ひいては国家と社会、国家と人民という二元対立の誤った理論を超越することができる。これこそが、中国共産党の成功の歴史的経験であり、執政の合法性の根源でもある。

「人民中心」の社会主義現代化は、マルクス主義、毛沢東思想、鄧小平理論、科学的発展観などの継承と更なる発展であり、集大成であるとともに、思想体系の革新でもある。目下の突出した問題を解決できると同時に、大局的見地と長期的利益に立脚できることは、党の最も貴重な理論と思想の財産である。この「精神面での原子爆弾」とも言うべきものは、必ず「物質面での原子爆弾」に化けるであろう。

「人民中心」の社会主義現代化は、人民の主体的地位を明確にし、人民を国家統治に結びつけ、全人民を団結させ、全国人民の力を結集させることを党に求め、党の執政の目標と国家の発展の目的を深く啓示した。それは、目下の中国が直面する突出した問題と課題に対して示された戦略的手引きであり、党の経済社会発展の法則に対する認識の深まりを余すところなく反映している。それはまた、中国の発展を率いる新たな重要な革新であり、中国ひいては世界の発展の局面全体に関わる深い変革である。

三、「発展は絶対的道理」から「六大発展」への飛躍

中国の社会主義現代化に関する最も古く最も重要な言葉と共通認識は、「発展こそが絶対的道理」[17]である。この理念は社会主義の本質を反映し、社会主義現代化の根本的目標が生産力を解き放ち、発展さ

せ、搾取と二極分化を無くし、最終的に共同富裕に到達することであると説明している。生産力の解放と発展という前提から離れては、社会主義現代化は実現不可能となる。

では、誰のため、どのように、どうやって発展するのであろうか。これは、真剣な探究と回答を要する核心的な問題である。

それぞれの発展段階に応じて異なる発展の任務があり、異なる発展観によって導かれる。また、実践が積み重なることで、発展観も絶えず変化し、時代とともに進歩し、昇華・更新され、実践は常により科学的な理論によって指導され、絶えず中国を前進させている。

鄧小平及び江沢民同志は、経済建設を中心とし、好機をつかみ、発展を加速させなければならないと強調した。[18]これは、中国の「人口は多く、耕地は少なく、基盤は薄く、一人当たりＧＮＰは世界の下位」という基本的国情に基づき打ち出された発展の方策である。

胡錦涛同志は科学的発展を強調した。これは、基本的国情に基づき、中国の発展の実践を総括し、外国の発展の経験も参考にしながら、新世紀、新段階（中の下の所得段階）に入った中国の発展が呈した一連の新たな段階性の特徴を十分に分析し、打ち出された発展観である。要約すれば、主要な意義は発展、核心は人間本位、基本的要請は全面的で調和がとれて持続可能であること、根本的方法は各方面への総合的な配慮である。[19]

新時代に入り、二〇五〇年の中国に向かい、「発展こそが絶対的道理である」というこの簡単な真理も、必然的により深く全面的な方向に発展していくことになる。これも「六大発展」理念の歴史的進化の道筋である。

第十八期五中全会は、第十三次五カ年計画の時期の発展目標を実現し、発展の難題を解決し、発展の優位性を固めるためには、革新、協調、グリーン、開放、分かち合いの発展理念を固く打ち立て、しっかりと貫徹しなければならないと強調した。この五つの面の発展は、継承した基礎の上で革新し、時代の新たな趨勢と特徴を十分に体現し、中国の発展の実践における貴重な経験を深く総括した。

これらを基礎として、習近平同志は繰り返し安全保障と発展の関係について述べ、全体的な国家安全保障観を堅持し、中国の特色ある国家安全保障の道を歩むという重要な判断を明らかにした。彼は、「安全と発展は一つの個体の両翼や車の両輪のようなものである。安全は発展のための保障であり、発展は安全の目的である」[20]と指摘した。この理念は、習近平同志の安全と発展の弁証関係に対する深い認識を余すところなく反映しており、時代の変化と中国の発展による新たな要請を体現しており、五大発展理念に対する更なる肉付けと開拓であり、それゆえに第六の発展理念と呼ぶことができる。

六大発展そのものが壮大な発展の枠組み、厳格な発展の論理、実務的な発展思考を形成しており、相互に関連し、促進し、支え合い、発展の内容に更なる具体性、指導性、適格性、変更可能性を与えている。

革新的発展を堅持し、発展の動力という問題の解決に力を入れ、経済の「中高速成長」を維持し、中高位水準へ向上させる。協調的発展を堅持し、発展の不均衡という問題の解決に力を入れ、発展の全体性の強化に注力する。グリーン発展を堅持し、人と自然の調和という問題の解決に力を入れ、青い空、緑の大地、清い水の美しい中国を築き上げる。開放的発展を堅持し、発展における国内外の連携という問題の解決に力を入れ、開放型経済の水準を更に高める。分かち合い型の発展を堅持し、社会の公正と正義の問題の解決に力を入れ、人民の幸福を絶えず向上させ、中国経済社会発展の新局面を切り開く。

安全な発展を堅持し、各種の非安全の問題の解決に力を入れ、発展のための保障を提供する。

六大発展はそれぞれ独立したものではなく、お互いに融合し、促進し、補完し合うものであり、統一の目標と内在的論理を有している。革新的発展は発展の動力、協調的発展は発展の芸術、グリーン発展は発展の方式、開放的発展は発展の助力、分かち合い型の発展は発展の目標、安全な発展は発展の保障である。六大発展の核心と最終目標は、人間の全面的発展の実現である。これは、「党規約」と一致する発展理念であり、発展目標の最終的な帰着点である。

「発展こそは絶対的道理」から「六大発展」への変化は、二〇五〇年の中国が実現する現代化と西側諸国の現代化には重要な違いがあることを反映している。それは、単に物質面での現代化が世界の最先端の国との差を縮めるということにとどまらず、より重要なのは、人民を中心とする社会主義の現代化を実現するということであり、二十一世紀の人類の新しい現代化でもあるということである。

1　『中国共産党規約』（中国共産党第十八回全国代表大会にて部分修正、二〇一二年十一月十四日採択）の「総綱（全文）」によると以下のとおり。生産の発展と社会の富の増加という基礎の上、日増しに増大する人民の物質面、文化面での要求を絶えず満たし、人間の全面的発展を促す。

2　マルクス、エンゲルスは、『共産党宣言』の中で以下のとおり指摘している。この新社会は、「各人の自由な発展が、万人の自由な発展のための条件であるような一つの共同体」である。『マルクス＝エンゲルス全集』第二巻、人民出版社、二〇〇九年版、五三頁

3　習近平「小康社会の全面的完成の決戦に勝利し、新時代の中国の特色ある社会主義の偉大な勝利を勝ち取ろう―中国共産党第十九回全国代表大会における報告」二〇一七年十月十八日

4　『毛沢東文集』第八巻、三二一頁

5　「建国以来の党の若干の歴史問題に関する決議」（一九八一年六月二十七日、中国共産党第十一期中央委員会第六回全体会議にて全

会一致で採択）

6 「建国以来の党の若干の歴史問題に関する決議」（一九八一年六月二十七日、中国共産党第十一期中央委員会第六回全体会議にて全会一致で採択）

7 『中国共産党規約』（一九八二年九月六日、中国共産党第十二回全国代表大会にて採択）

8 一九八七年四月二十六日、鄧小平は外国の賓客に接見した際、以下のとおり指摘した。「社会主義をやるためには、必ず生産力を発達させなければならない。貧窮は社会主義ではない。我々は社会主義を堅持する。資本主義に優越する社会主義を建設しなければならず、まずは貧窮から脱しなければならない」『鄧小平文選』第三巻、人民出版社、一九九三年版、二二五頁

9 習近平同志は、「省長級及び部長級の主要な指導的立場の幹部による党の第十八期五中全会の精神の学習と貫徹のための特別討論会における講話」（二〇一六年一月十八日）及び「パートナーシップの深化と発展の原動力の強化―ＡＰＥＣ・ＣＥＯサミットにおける基調講演」（二〇一六年十一月十九日）において、二度にわたりこの言葉を引用し、人民中心の思想の重要性を明確に述べた。

10 習近平「小康社会の全面的完成の決戦に勝利し、新時代の中国の特色ある社会主義の偉大な勝利を勝ち取ろう―中国共産党第十九回全国代表大会における報告」二〇一七年十月十八日

11 『マルクス＝エンゲルス全集』第一巻、人民出版社、二〇〇九年版、一八九頁

12 『毛沢東選集』第五巻、人民出版社、一九七七年版、二五三頁

13 『建国以来毛沢東文稿』第五巻、中央文献出版社、一九九一年版、四九〇頁

14 『マルクス＝エンゲルス全集』第一巻、人民出版社、二〇〇九年版、五七〇－五七一頁

15 『マルクス＝エンゲルス全集』第一巻、人民出版社、二〇〇九年版、五七三頁

16 習近平「小康社会の全面的完成の決戦に勝利し、新時代の中国の特色ある社会主義の偉大な勝利を勝ち取ろう―中国共産党第十九回全国代表大会における報告」二〇一七年十月十八日

17 鄧小平「武昌、深圳、珠海、上海などの地における談話の要点（南巡講話）」一九九二年一月十八日から二月二十一日

18 江沢民「改革開放と現代化建設の歩みを加速し、中国の特色ある社会主義事業の更なる勝利を勝ち取ろう―中国共産党第十四回全国代表大会における報告」（一九九二年十月十二日）

19 胡錦涛「中国の特色ある社会主義の偉大な旗印を高く掲げ、小康社会の全面的建設の新たな勝利を勝ち取るために奮闘しよう―中国共産党第十七回全国代表大会における報告」二〇〇七年十月十五日

20 習近平「第二回世界インターネット大会における講話」二〇一五年十二月十六日

第三章

中国の新時代への突入

――新たな特徴、新たな矛盾

この新時代とは、前時代と前人の事業を受け継ぎ、新たな未来を切り開き、新たな歴史的条件の下で引き続き中国の特色ある社会主義の偉大な勝利を勝ち取る時代である。「小康社会」の全面的完成の決戦に勝利し、その上で、社会主義現代化強国を全面的に築き上げる時代である。全国の各民族と人民が団結して奮闘し、絶えず素晴らしい生活を創り出し、全人民の共同富裕を徐々に実現する時代である。中華の子孫全体が力と心を一つにし、中華民族の偉大な復興という「中国の夢」の実現に力を尽くす時代である。中国が世界の舞台の中心に歩み入り、不断に人類への更なる貢献を行う時代である。

——習近平（二〇一七）

中国の特色ある社会主義は新時代に入った。これは、中華人民共和国史及び中華民族の発展史において重要な意義を有する。世界の社会主義発展史及び人類の社会発展史においても重要な意義を有する。

——習近平（二〇一七）

中国の特色ある社会主義は新時代に入った。中国社会の主な矛盾は、日増しに高まる人民の素晴らしい生活に対する要求と、不均衡で不十分な発展の間の矛盾に変わっている。

——習近平（二〇一七）

中国の特色ある社会主義は新時代に入った。これは、第十九回党大会が下した重要な政治判断である。この判断の基本的な根拠は以下の三つの主要な側面を含んでいる。

第一に、中国の特色ある社会主義は新たな発展段階、すなわち、社会主義初級段階の「後半」に入った。二十一世紀最初の二十年の核心的任務は、十数億人の人口に恩恵が及ぶ「小康社会」を全面的に完成させ、「一つ目の百周年奮闘目標」を実現することである。その後の三十年の主任務は、社会主義現代化強国を全面的に実現し、「二つ目の百周年奮闘目標」を実現することである。

第二に、中国の特色ある社会主義が突入した新時代は、全面的な革新の時代、世界の強国の時代、全人民の共同富裕を徐々に実現する時代、中華民族の偉大な復興という「中国の夢」の実現に力を尽くす時代、世界の舞台の中心に歩み入る時代、人類運命共同体を構築する時代である。

第三に、中国社会の主な矛盾は、日増しに高まる人民の素晴らしい生活に対する要求と、不均衡で不十分な発展の間の矛盾に変わっている。これは、全局に関わる歴史的変化であり、党と国家の任務に多くの新たな課題を与えている。しかし、中国が依然として、また、今後も長期にわたり社会主義初級段階にあるという基本的な国情は変わっていない。中国の社会主義が属する歴史的段階は変わらない中で、社会の主要な矛盾が変化しているのである。

一、根本的根拠 ——社会主義初級段階の前半と後半

偉大な歴史的使命には壮大で長期的な大戦略が必要であり、壮大で長期的な大戦略には偉大な歴史的使命の十分な体現が必要である。一つの原則を貫き通すと同時に[1]、時代とともに前進することが求められる[2]。これが、「中国の道」における「中国の歩き方」である。

中国の社会主義現代化は、新中国成立以来七十年近い歴史的過程を歩み、今まさに新時代に入りつつある。これまでの成功の経験は、中国の社会主義現代化は国情に対する明確かつ理性的な認識と、科学的に決められた長期的な戦略的施策に依存していることを証明している。では、二〇五〇年の中国に向けて、中国の社会主義現代化の国情、党の状況、世情をいかに認識し、中国の社会主義現代化の客観的実情をいかに理解し、二〇五〇年の中国を展望する客観的な基点をいかに見つけるべきであろうか。

習近平総書記はまさに、「現代中国の最大の客観的実情は、中国が依然として、また、今後も長期にわたり社会主義初級段階にあるということである。これは我々が現状を認識し、将来を描き、政策を決め、事業を推進していく上での客観的基点であり、この基点から外れてはならない」[3]と指摘している。

社会主義初級段階は、相当長い歴史的な発展の過程であり、少なくとも百年前後の時間が必要である。第十三回党大会の報告がこの重要な判断を下してから、歴代の党大会の報告は全てこの判断を再確認すると同時に、新たな発展段階に対する新たな判断を下し、新たな表現を用いてきた。

「社会主義初級段階論」という根本的根拠は、社会主義社会の性質と初級段階の特徴から構成されて

おり、中国の理論と実践の革新である。最大の発展途上国として、中国がいかに工業化、情報化、都市化、農業現代化を実現するのかという基本的問題に解を与えた。すなわち、経済の法則、社会の法則、自然の法則に従って行動するということである。また、社会主義社会において、中国がいかに工業化、情報化、都市化、農業現代化の進展を同時並行で加速するのかという問題にも解を与えた。すなわち、共産党執政の規律、社会主義建設の規律、人類社会発展の規律に従って行動するということである。更に、先進国も発展途上国も解決できていない貧富の格差、都市と農村の格差、地域の格差などの世界的に困難な課題にも答えようとしている。これは、社会主義の本質が共同富裕だからであり、そして、共同富裕こそは中国の全人民の最大の共通利益かつ追求する最重要目標である。

社会主義初級段階を正しく認識するには、二つの誤った傾向を克服する必要がある。一つ目の傾向は、社会主義社会を構築しさえすれば、天国にたどり着き、自分達は全てが良いと思い込むことである。毛沢東が批判したとおり、社会主義国家では全てが完璧であると迷信してはならない。[4]仮にも、中国が社会主義初級段階にあるという最大の国情を忘れ、中国が長期にわたって発展が不十分な段階にあることを無視して、功を焦り、国力を超過してしまっては、教条主義的な袋小路というかつての道に迷い込んでしまうことは必至である。その最たる例が「大躍進政策」であり、「文化大革命」である。

二つ目の傾向は、中国が社会主義初級段階にあることを理由に、西側諸国に遠く及ばず、自分達は全てが駄目であると思い込むことである。これは、西側の制度を盲目的に過信し、西側のモデルを猿真似することにつながる。こうなると、中国の社会主義社会の基本的性質が忘れられ、中国の国情からも脱線し、資本主義という邪道に迷い込んでしまうことは必至であり、歴史は大きく後退する。最も典型的な例は、ヒトラーのファシズムに勝利したソ連共産党が自ら解散し、ソ連の社会主義国家が自ら解体し、ロシアが大災難を被り大きく後退したことである。[5]

では、どのように社会主義初級段階の発展の法則、段階、特徴を動態的に認識、分析すればよいのだろうか。これには、多角的視点からの観察と分析が必要である。第一に、歴史的視点である。中国の発展の道がどこから始まるのか、初期の条件は何か、どこまでたどり着いたのか、将来はどこに向かうのかを明確にしなければならない。

第二に、弁証法的視点である。中国の社会主義現代化は量的変化から部分的な質的変化（発展の段階性を示している）、更に量的変化から質的変化に変わり、相互に関連し、絶えず昇華する変遷過程であるということを理解しなければならない。

第三に、発展の視点である。中国の発展に影響する促進要素と制限要素、有利な要素と不利な要素、先進的要素と非先進的要素などは不変のものではなく、多少に関わらず常に変化し、一定の条件の下で入れ替わり、相互に転換するものであることを理解しなければならない。

第四に、国際的な視点である。世界における中国の相対的な発展水準や国際的地位の変化を認識し、自己と相手を知れば、自信を持つことができる。このようにして初めて中国の国情を正確に理解し、社会主義市場経済の内在的条件と運行メカニズムを把握し、世界経済における科学技術の発展という大趨勢と大チャンスをしっかりとつかみ、経済発展、社会発展、自然法則を理解し、それらに従い、社会主義制度の優位性を発揮し、勢いに乗じることができる。

中国の社会主義初級段階は、一九五〇年代半ばから二十一世紀半ばまで百年続く長い歴史的過程であり、物質的にも文化的にも貧しい状況から社会主義現代化強国を全面的に築き上げる「百年の長征」である。この百年の歴史的段階は「前半」と「後半」に分けられる。「前半」は二十世紀後半であり、「後半」は二十一世紀前半である。

この社会主義初級段階の「前半」は、更に二つの発展段階に分けられる。第一は絶対的貧困段階である。これは、極めて貧しい水準から基礎を固める段階、すなわち、社会主義の建設時期である。その中には、政治建設と制度建設、経済建設と国民経済体系建設、社会建設と都市建設などが含まれ、これらは社会主義現代化の制度的、経済的、社会的基礎などを固めるものである。

第二は経済が離陸する改革開放の段階であり、中国の経済建設の戦略的施策における「二つのステップ」を実現する。第一歩（衣食の問題を解決する段階）では、GNPを対一九八〇年比で倍増させ、人民の衣食の問題を解決し、人民を豊かにする。第二歩（「小康」水準段階）では、二十世紀末までにGDPを再び倍増させ、人民の生活を「小康」水準に引き上げる。

社会主義初級段階の「後半」も、更に二つの発展段階に分けられる。最初の二十年の持続的高度成長（全面的「小康社会」の段階）により、「一つ目の百周年奮闘目標」、すなわち、「小康社会」の全面的完成を実現する。その後の三十年の持続的安定成長（共同富裕段階）により、国家を強くし、「二つ目の百周年目標」、すなわち、社会主義現代化の基本的実現という目標を達成する。

以上の段階分けについて、筆者は国際的に広く用いられる十の重要な経済社会開発水準指標を選んで定量的描写と分析を行った（表３－１参照）。

新中国成立から今日までの中国の変化は非常に大きく、中国はすでに社会主義初級段階の「後半」に

表3-1　中国経済社会開発水準主要指標（1949-2000年）

	絶対的貧困段階（1949-1978年）	衣食充足段階（1978-1990年）	「小康」水準段階（1991-2000年）	全面的「小康」社会段階（2001-2020年）
1人当たりGDP（PPP、2011年ドル）	172-637	637-1516	1516-3678	3678-18500
平均期待寿命　（歳）	41-65.5	65.5-68.6	68.6-71.4	71.4-77.3
文盲率　（%）	80-25.2	25.2-15.9	15.9-6.7	6.7-3.0
生産年齢人口平均教育年数　（年）	1-5.3	5.3-6.4	6.4-7.9	7.9-10.8
人間開発指数（HDI）	0.145-0.423	0.423-0.501	0.501-0.588	0.588-0.780
農村エンゲル係数（%）	＞70	67.7-58.8	58.8-49.1	49.1-27
都市エンゲル係数（%）	＞60	57.5-54.2	54.2-39.4	39.4-25
農村貧困人口（億人）	7.7（1978）	7.7-6.58	6.58-4.62	4.62-0.0
農村貧困発生率（%）	97.5（1978）	97.5-73.5	73.5-49.8	49.8-0.0
ジニ係数	0.558-0.317（1953-1970）	0.317-0.324	0.324-0.392	0.392-0.462（1999-2015）

（出典）一人当たりGNI、1人当たりGDP（PPP）：世界銀行オープンデータ
平均期待寿命：国家統計局「中国統計摘要（2016）」、18頁
生産年齢人口の平均教育年数：著者が過去の「人口普査（国勢調査）」から推計。
人間開発指数（HDI）：国連開発計画「人間開発報告書2015」、表2
都市及び農村住民エンゲル係数：国家統計局「中国統計摘要（2015）」、59頁
農村貧困人口及び発生率（現行の国家貧困ライン（年2300元））：国家統計局「中国統計摘要（2016）」、70頁
ジニ係数（1953-1978年）：Branko Milanovic, All the Ginis
ジニ係数（1990-2000年）：世界銀行オープンデータ
ジニ係数（2003-2015年）：国家統計局
ジニ係数（2020年）：著者による推計。

入った。中国の生産力は、かつての相当立ち遅れた水準と比較すると空前の発展を遂げた。しかし、先進国と比較するとまだいくらか遅れており、特に、労働生産性、イノベーション力と質などの面において詰めるべき差は大きい。平均所得や人民の生活水準などの面においても依然として大きな差がある。農業就業率や農村人口の比率も依然として高い。中国の社会発展は、確かにかつてと比べて大きく進歩したが、先進国と比べると依然として大きな差があり、教育、健康、文化、住居、社会保障、生態環境などの面において、依然として十四億人近くの人民の日々高まる巨大な需要を満たせておらず、発展の伸び代は大きい。

全体的に言って、人口が多く、一人当たりの資源占有量が少なく、生態環境基盤が弱く、発展に対する強固な制約条件に長期的に直面しており、今後、エネルギーやその他の主要な資源の供給、環境の質、温室効果ガスの排出に対する制約は長期的に存在するだろう。地域の発展の格差は縮まり始めたものの、依然として不均衡であり、都市と農村の所得格差も縮まり始めたとはいえ依然として大きく、二〇二〇年までに現行の貧困ライン以下の貧困人口は基本的に解消されるとはいえ、最低生活保障を受ける人は依然として多い。

社会主義初級段階の「後半」に入ったとはいえ、「二つ目の百周年奮闘目標」の実現は依然として任重くして道遠し、偉大な長征である。一歩間違えれば道半ばで終わり、全てが水泡に帰してしまう。従って、我々は決して盲目的に自己満足し、傲慢になってはならず、冷静な頭と自覚を保ち、「而今邁歩して頭従り越ゆ（訳者注…この先も更に邁進する）」べし。

二、中国の新時代への突入

第十九回党大会の報告は、中国の特色ある社会主義の新時代に対する位置付けを明確にした。[6] ここでは、以下の五つの側面から一歩踏み込んだ分析を行う。[7]

第一に、偉大なる勝利の時代である。新中国の社会主義発展の過程は三つの時代を経てきたと言える。国民経済の復興と社会主義経済の基礎建設の時代。一九四九年、新中国は成立後まもなく国民経済に対する復興と整備を開始し、相当な長期間の努力により、比較的自立し、整った工業体系と国民経済体系を作り上げ、その後の経済の離陸と社会主義現代化のための物質的資本、人的資本、科学技術資本、制度的資本という基礎を固めた。

改革開放の時代。中国経済は追いかける速度を加速する段階にあり、この期間、中国のGDPは年平均九・九％成長し、世界の長期的経済成長の最高記録を打ち立て、中国社会は基本的に「小康」の生活水準に達した。

中国の特色ある社会主義の新時代。中国経済は「新常態（ニューノーマル）」に入り、高度成長から質の高い発展に切り替わり、急速に豊かになることから全人民が共に豊かになることに舵を切り、世界の大国から世界の強国の時代に入る。目下、中国は「二つの百周年奮闘目標」の歴史的交差点に立っており、「一つ目の百周年目標」の期限通りの実現と、「二つ目の百周年目標」のより良い実現のために奮闘している。

第二に、社会主義現代化強国を全面的に築き上げる時代である。第十九回党大会の報告は、新たな「強国」目標、すなわち、富強、民主、文明、調和、美の社会主義現代化強国の建設を打ち出した。第十八回党大会では、まず、人材強国、人的資源強国、社会主義文化強国、海洋強国という四つの強国目標が打ち出されていた。その後、第十九回党大会の報告は、製造強国、科学技術強国、質強国、宇宙強国、サイバー強国、交通強国、貿易強国、スポーツ強国、教育強国といった強国目標を追加した。例えば、「中国製造二〇二五」は製造強国のための設計図であり、「国家イノベーション主導発展戦略要綱」はイノベーション型国家のための青写真である。関係機関は第十九回党大会の報告の精神にのっとり、特別の強国中長期計画（二〇二〇－二〇三五）の策定と、中国の特色ある強国大戦略体系及び実施計画体系の形成に着手している。

また、第十九回党大会の報告は、以下の六つの二〇五〇年までの目標を打ち出した。人々が豊かで国が強い社会主義現代化経済強国、社会主義民主現代化政治強国、中国文明社会主義現代化文化強国、より調和のとれた社会主義現代化社会強国、より美しい社会主義現代化生態環境強国、世界一流の軍隊をそれぞれ完成させることである。

第三に、全国民共同富裕の時代である。中国経済発展の過程は、概ね以下のいくつかの時期に分けられる。第一の時期は一九四九年から一九七八年の極めて低い所得段階である。当時、一九七八年の農村の貧困基準に照らせば、二・五億人の貧困人口が存在していた。二〇一〇年の同基準に照らせば七・七億人であり、貧困発生率は実に九七・五％にも上ることになる。第二の時期は一九七八年から一九九〇年の低所得段階である。一九九〇年には、農村の貧困人口はすでに六・五八億人まで減り、貧困発生率も七三・五％まで下がった。第三の時期は一九九〇年から二〇〇〇年の中の下の所得段階である。二〇〇〇年には、農村の貧困人口は四・六億人まで減り、貧困発生率も五〇％以下まで下がった。第四の時期は二〇〇〇年から二〇二〇年の中の上の所得段階である。二〇一六年には、農村の貧困人口は四千三百三十五万人まで減り、貧困発生率は四・五％、二〇二〇年には農村の貧困人口は完全に解消されることが期待されている。その後は二〇二〇年後の時期であり、高所得段階に向かって突き進み、共同富裕時代に入り、二〇三五年まで、都市と農村の地域所得格差は縮まり続け、二〇五〇年までに徐々に全人民の共同富裕を実現していく。

第四に、中華民族の偉大な復興の時代である。習近平総書記は、今こそ中華の子孫全体が力と心を一つにし、中華民族の偉大な復興という「中国の夢」の実現に力を尽くす時代であると明確に表明している。一九五六年、毛沢東同志は、五十年（二〇〇六年まで）または六十年（二〇一六年まで）の時間を費やして、米国に追いつき、追い越すという大戦略構想を打ち出した。二十一世紀以来、中国は追うスピードを加速し、ごく一部の分野においては米国を抜きさえした。主要な開発水準指標、例えば一人当たりGDP、期待寿命、平均教育年数、HDIなどにおける米国との相対的な差は縮まってきている。中国のHDIが米国にどれだけ追いついたかを示す指数は、一九八〇年の五一％から二〇一五年の八〇％まで上がった。二〇五〇年には、この指数は九七％まで上昇することが期待できる。党中央の指導の下、二十一世紀は中華民族の偉大な復興の世紀となるであろう。全党、全国の各民族と人民が共に努力し、素晴らしい「中国の夢」をただ実現するだけでなく、それを世界の共同発展を促進する「中国の貢献」へと転化していかなければならない。

第五に、中国が世界の舞台の中心に入る時代である。新中国成立後、中国はかつての「一盤散沙」の状態から国家独立、民族解放を実現し、物質的にも文化的にも貧しい状況から衣食の問題を基本的に解決し、大きな歴史的発展を遂げた。しかし、一人当たりＧＤＰは依然として世界の下位にあり、世界の舞台の中心まではまだいくらか距離がある。

改革開放以来、中国の経済規模は世界第十一位から第二位に上がり、購買力平価で計算するとすでに世界第一位となっている。物品貿易総額は世界第二十九位から世界第一位に、外貨準備高は世界第三十八位から第一位に、発明特許出願件数と授権件数はいずれも世界第一位に躍進し、すでに世界の舞台の中心に入り込んだ。

中国はすでに、世界の経済成長、貿易成長、科学技術革新の最大の原動力となっており、中国の発展は同時に世界に利益をもたらしている。二〇五〇年には、中国は富強、民主、文明、調和、美の社会主義現代化強国を築き上げ、世界でトップクラスの総合的国力と国際影響力を有する国となり、中国人民は必ずや人類の発展により大きな貢献をするだろう。

まとめると、新中国の発展の歴史的過程を見るに、二十一世紀の中国の発展が遂げた進歩の中で、最も顕著な特徴は全面的な革新であると言える。第十八回党大会以来、改革開放の時代の新たな歩みに合わせて、我々は理論革新、実践革新、制度革新、文化革新及びその他各分野の革新を不断に進めており、中国の特色ある社会主義は新時代に入った。中国の発展の歴史的位置付けに対して党中央が下したこの科学的判断は、永遠に歴史に刻まれる。

三、新時代の社会における主要な矛盾の変化

国情を認識し、特に中国の社会主義社会の主要な矛盾をしっかり理解することは、それぞれ異なる時代の発展戦略を決める理論的基礎である。中国の現代社会の基本的な矛盾は、常に生産力と生産関係の矛盾、上部構造と経済的基礎の矛盾である[8]。この基本的な矛盾は、社会主義社会全体の終始を貫いており、社会主義の発展過程の基本的性質を決定付けている。基本的な矛盾と異なり、主要な矛盾は時代の発展とともに変化し、社会主義社会の発展段階によって異なる形で表出し、その段階における矛盾体系の中で主要な位置を占め、その段階の発展過程に対して全体的かつ決定的な意味を有する。

第十九回党大会の報告は次のように指摘した。中国の特色ある社会主義は新時代に入った。中国社会の主要な矛盾は、日増しに高まる人民の素晴らしい生活に対する要求と、不均衡で不十分な発展の間の矛盾に変わっている[9]。これは、中国の基本的国情に対して下された新しい重要な政治判断であり、新時代に入った中国社会の基本的特徴でもある。第八回党大会及び第十一期三中全会に続く三回目の重要な理論革新であり、社会実践の飛躍である。

社会の主要な矛盾の変化は、中国の経済社会発展の法則の必然的結果であり、重要な特徴である。この主要な矛盾はどのような歴史的変遷をたどってきたのであろうか。この新たな矛盾をどのように正しく理解すべきであろうか。この矛盾の重要な変化はどのような影響をもたらすのであろうか。

中国の生産力水準の向上と各種の構造的不均衡の問題の進行は、社会の主要な矛盾に新たな変化をも

たらした。特に以下の四つの面に表れている。

第一に、社会生産力の発展は依然として不十分であり、日増しに高まる人民の物的需要を満たせていない。中国の一人当たりGDPの世界における順位は大幅に上昇したが、二百十七の経済体の中で九十七位であり、世界の四四・七％の位置にいる。

中国の労働生産性の米国との相対的な差は大幅に縮まったが、依然として大きな差がある。一人当たりの所得と消費水準にはまだ相当大きな引き上げ余地がある。

中国社会の生産力水準は、すでに絶対的な立ち遅れから相対的な立ち遅れに変化しているが、世界の先進的水準との差は比較的大きく、追いつき、イノベーションで追い越すには、更に大きな差が存在する。

中国社会の生産能力は多くの面において世界の上位に入ったが、十四億人近い人民の様々な製品やサービスに対する需要と質への要求を満たせていない。

中国の科学技術の実力、イノベーションの能力は急速に強化されているが、世界の科学の最先端レベルとハイテクの最先端からはまだ小さくない差があり、先導できるような優位性はまだ顕著に現れていない。中国は世界最大規模の科学技術の人材を抱えているが、世界レベルの科学者、トップレベルの人材、リーダー的人材、卓越した人材、青壮年の優秀な人材、高技能人材は依然として明らかに不足している。

中国はすでに世界最大の製造業大国であるが、多くの産業は依然として世界のサプライチェーンのローエンドやミドルエンドに位置している。

第二に、発展が依然として不均衡であるという基本的国情は変わっていない。各産業を見ると、農業は成長を保っており、過去十六年は年平均四・〇％の成長率を保ってきた。世界でも最高の成長率を達成した国の一つである。しかし、農業と農業以外の産業を比べるとやはり不均衡であり、農業は依然として最大の弱点であり、ボトルネックである。

都市と農村の関係を見ると、二〇〇九年以降、都市と農村の所得格差は縮まった。しかし、世界においては、都市と農村の所得格差が最も大きい国の一つであり、農村はいまだに発展が不十分な地域である。

地域の構造を見ると、二〇〇四年以降、地域の発展格差は縮小を続けている。しかし、世界においては、地域の発展が不均衡で、格差が非常に大きい国である。

公共サービスを見ると、中国は中所得の条件の下、主な健康指標は全体として中高所得の国の平均水準より優れている。しかし、健康関連サービスの供給は全体的に不足しており、高まり続ける十四億人の人民の様々な健康面での需要との矛盾は依然として突出している。教育指標についても、全体的な発展の水準は世界の中の上のレベルに入ったが、都市と農村、あるいは地域間の教育格差は依然として比較的大きく、優良な教育資源の絶対量が足りておらず、その配分も理に適っていない。

社会保障を見ると、中国は世界最大規模で、対象人口が最大の社会保障体系を構築しており、基本養老保険の加入者は九億人以上、基本医療保険の対象者は十三億人以上である。しかし、国民皆保険計画を全面的に実施する必要があり、養老保険の全国統合を実現し、都市と農村の基本医療保険制度を整備しなければならない。

第三に、文化建設が不均衡かつ不十分である。中国の公共文化サービス体系は徐々に完成してきており、都市と農村の人口をカバーしつつあるが、全人民を満足させるには至っておらず、特に、農村人口の日増しに高まる公共文化サービスへの巨大で多様化した需要に応えられていない。例えば、三分の二の農村世帯には有線テレビ放送が敷かれていない[10]。

中国の文化産業の付加価値がＧＤＰに占める割合はすでに四％を超えているが、総量的な規模は大きくなく、質や利益にも改善の余地があり、伸び代は依然として大きい。例えば、中国はすでに世界最大の映画市場になっているが、国産映画の興行収入は五分の三に満たない。

中国はすでに各分野の人材が集まる世界最大規模の国になっているが、文学や芸術分野の人材は相対的に少なく、文学・芸術の巨匠は更に希少である。

中国の文学・芸術分野の創作はますます活発になり、繁栄しており、文化創作にとって「百花斉放、百家争鳴」の最良の時代に入っているが、いまだに中国の急速な発展や、偉大な復興の黄金時代を十分に反映できていない。

中国は世界文化遺産が最も豊富な国であり、第二の世界遺産大国、第一の無形文化遺産大国になったが、多くの文化遺産資源が大量の資金と科学技術による応急処置的、科学的、予防的、長期的な保護を必要としている。

中華文化の海外進出は大きな段を上り、中国の対外文化交流は世界の三分の二の国と地域との間に及んでいるが、三分の一はいまだに空白地帯である。

中国の対外文化貿易は急速に伸びているが、世界に占める割合は依然として小さい。

国際影響力はかつてなく高まっているが、日増しに高まる二百四十余りの国と地域からの中国文化に対する需要に応えられていない。

第四に、人と自然の発展が依然不均衡であり、日増しに高まる人民の生態環境に対する要求に応えるには遠く及んでいない。中国のエコ文明の理念は、人々の認識に深く浸透しているが、一部の地域や機関の責任者はいまだに「GDP中心」という考え方にとらわれており、多くの既存の体制と政策はエコ文明建設にとって不利なものである。

生態環境の管理は日に見えて強化され、改善されたが、長年積み上がってきた「エコ赤字」や「環境負債」は依然として中国の最大の弱点である。

中国は世界最大のエネルギー、水資源、鉱物資源、各種原料の消費大国であり、これら資源を節約する大きな潜在力を有する。

中国は世界最大の消費市場であるが、グリーン消費の比率は極めて低く、潜在力は極めて大きい。社会全体の生態環境の質に対する要求はますます大きくなってきているが、多くの人は自分が「美しい中国」の参加者、建設者、貢献者であることを自覚していない。

中国はエコ文明時代を開きつつあり、国際社会の「美しい中国」に対する期待は更に高いが、中国は気候変動対策への協力のため、また、人類が生存する地球という家と、地球の生態環境の安全を守るため、より大きな貢献をしていく必要がある。

その他、民主、法治、公平、正義、安全などの面における全人民の要求が日増しに高まる中、これらについても比較的大きい不均衡、不十分な状況にあり、日々高まる人民の素晴らしい生活への要求に対する制約要因となっている。[11]

新時代の社会の主要な矛盾の変化は、全局的な変化であり、歴史的な変化でもある。党と国家の任務に多くの新たな課題を与えるとともに、発展理念、発展目標、発展局面、発展戦略、発展計画も時代に伴って大きく変化した。

第一に、発展理念の重要な変化である。「GDP中心」から「人民中心」に変化している。人民は歴史の創造者であり、発展の主体である。常に人民の素晴らしい生活に対する憧れを党の奮闘目標とし、国家発展の核心的目標とする。発展は人間の全面的発展を促進し、個々人の発展の不均衡や不十分という問題を解決するとともに、社会の全面的発展も促進し、社会発展の不均衡や不十分という問題を解決しなければならない。そして、新たな発展理念を堅持する。発展は中国のあらゆる問題を解決する基礎であり、鍵である。発展は科学的発展でなければならず、革新、協調、グリーン、開放、分かち合いの発展理念を断固として貫かなければならない。

第二に、発展目標の重要な変化である。高度成長から質の高い成長に転換している。第十九回党大会の報告はもはやGDP倍増目標に言及せず、質第一、効率優先を強調し、あらゆる要素の生産性を高め、現代化経済体系を整備し、科学技術革新の向上を加速することにより力を入れている。早く豊かになることから、全人民の共同富裕を徐々に実現し、第十七回党大会が打ち出した「五つの有り」から「七つの有り」、すなわち、「幼児に保育有り、学びに教育有り、労働に収入有り、病に医療有り、老いに養い有り、生活に住まい有り、弱者に支え有り」に拡大した。これは、五カ年計画の中で多くの民生に関する拘束性のある指標となり、公平な発展を新時代の重要な目標となすであろう。世界の大国から世界の強国へ向けて、第十九回党大会は初めて世界強国目標体系を打ち出した。

第三に、発展局面の重要な変化である。現代化の局面を見ると、「経済建設中心」の局面から社会主義現代化の「五位一体」の全体的局面に転換している。経済建設の局面を見ると、工業化と情報化の同時発展から、新型工業化、情報化、都市化、農業現代化の同時発展に変化している。対外開放の局面を見ると、主に国内の大局のための対外開放から、積極的に経済グローバル化の過程に参加するとともに、それを推進し、より高い次元の開放型経済体系を発展させ、人類運命共同体を構築し、より広範囲の「天の時、地の利、人の和」という新局面を生み出すことに転換している。

第四に、発展戦略の重要な変化である。既存の国家発展戦略の基礎の上、強国目標に基づき、国家強国大戦略体系を構築し、イノベーション主導発展戦略、科学教育・国家振興戦略、人材強国戦略、農村振興戦略、地域協調発展戦略、持続可能発展戦略、軍民融合発展戦略、雇用優先戦略、健康中国戦略、食品安全戦略、国家安全戦略、強軍戦略、互恵共益の開放戦略などの国家戦略の実施能力を高め、国家発展計画の戦略的誘導作用と優位性を十分に発揮させる。

第五に、発展計画の重要な変化である。すなわち、既存の「三つのステップ」の国家発展戦略の基礎の上、二段階の戦略的計画を行い、社会主義現代化国家の全面的建設という新たな道のりを切り開いた。

1　孔子の『論語』に、「吾が道一以て之を貫く」とある。
2　『易経』の「益掛」に、「天施し地生じ、其の益方なし。凡そ益の道は、時と偕に行わる」とある。
3　習近平の中共中央政治局での弁証法的唯物主義の基本的原理と方法論に関する第二十回集団学習における講話。新華網北京、

二〇一五年一月二十四日

4 毛沢東は以下のとおり指摘している。我々は、社会主義国家では全てが完璧であると迷信してはならない。物事には何でも両面性があり、良い面もあれば悪い面もある。我々の社会において、必ず良いものもあれば、悪いものもある。良い人もいれば、悪い人もいる。先進的なものもあれば、遅れたものもある。だからこそ、我々は改善していかねばならず、悪いものを良いものに変えていかねばならない。……世界は美しくもあり、美しくなくもある。世界には紛争や矛盾がある。全てが良いことを願うのは我々の主観であり、現実は客観的なものである。毛沢東「社会主義国家では全てが完璧であると迷信してはならない」（一九五六年六月二十八日）『毛沢東文集』第七巻、人民出版社、一九九九年、六九－七〇頁

5 世界銀行オープンデータによれば、PPP、二〇一一年国際ドルで計算すると、一九九〇年のロシアのGDPは世界の六・五％を占めていたが、一九九八年には過去最低を記録し、三・〇％となった。二〇〇八年、三・九％まで回復したが、国際金融危機の打撃を受け、二〇一五年時点でわずか三・二六％である。

6 習近平「小康社会の全面的完成の決戦に勝利し、新時代の中国の特色ある社会主義の偉大な勝利を勝ち取ろう―中国共産党第十九回全国代表大会における報告」二〇一七年十月十八日

7 胡鞍鋼、程文銀「中国の特色ある社会主義の新時代突入の顕著な特徴」『中国社会科学報』二〇一七年十一月十七日

8 『毛沢東文集』第七巻、人民出版社、一九九九年、二一四頁

9 習近平「小康社会の全面的完成の決戦に勝利し、新時代の中国の特色ある社会主義の偉大な勝利を勝ち取ろう―中国共産党第十九回全国代表大会における報告」二〇一七年十月十八日

10 国家統計局編『中国統計年鑑（二〇一七）』七四九頁

11 習近平「小康社会の全面的完成の決戦に勝利し、新時代の中国の特色ある社会主義の偉大な勝利を勝ち取ろう―中国共産党第十九回全国代表大会における報告」二〇一七年十月十八日

第四章　二〇五〇年の中国

——戦略的目標と「三段階」

「小康社会」の全面的完成の決戦に勝利し、社会主義現代化国家の全面的建設という新たな道のりを切り開く。

――習近平（二〇一七）

二〇二〇年の「小康社会」の全面的完成の後、我々は全党、全国各民族の背中を押し、「二つ目の百周年奮闘目標」に向かって努力し、社会主義現代化国家の建設という新たな道に踏み出し、中華民族がますます活発に世界の諸民族の中にそびえ立つようにしなければならない。

――習近平（二〇一七）

「小康社会」の全面的完成から現代化の基本的実現、更に社会主義現代化強国の全面的完成までは、新時代の中国の特色ある社会主義の発展の戦略的計画である。我々はどこまでも耐え抜き、粘り強く、社会主義現代化の新たな道のりという壮麗な物語を力の限り描かなければならない！

――習近平（二〇一七）

中国の特色ある社会主義は新時代に入った。これは中国が立つ新たな歴史の位置である。第十九回党大会の報告は、新時代の中国の特色ある社会主義の発展に対する戦略的計画を行い、「小康社会」の全面的完成の決戦に勝利し、「一つ目の百周年奮闘目標」を実現するとともに、勢いに乗り、社会主義現代化国家の全面的建設という新たな道のりを切り開き、「二つ目の百周年奮闘目標」に向かって突き進むことを求めた。[1]

二〇三五年までに社会主義現代化を基本的に実現する。我々の党が元々打ち出していた「三つのステップ」戦略の第三歩は、まさに現代化を基本的に実現し、中位先進国の水準に達することであり、これを十五年前倒しして実現する。[2]

二〇五〇年までに中国を富強、民主、文明、調和、美の社会主義現代化強国に築き上げる。中国の主要な経済社会開発指標は先進国の水準に接近あるいは到達し、全人民がより高い水準の公共サービスと社会保障を享受し、三大格差が全体的に縮小し、更なる富強、更なる民主、更なる文明、更なる調和、更なる美の社会主義現代化強国を築き上げ、人類の発展に大きな貢献をする。

その後、中国が社会主義中級段階に入るまでには、更に数十年の時間がかかるだろう。そのため、「三つ目の百周年奮闘目標」を検討し、打ち出すことも考えられる。すなわち、改革開放百年の時点（二〇七八年）で、高度に発達した社会主義現代化強国を完成することである。そして、今世紀末までの大目標は、中華民族の偉大な復興という「中国の夢」を実現することである。

一、十五年前倒しで社会主義現代化を基本的に実現する根拠

第十九回党大会の報告は、国際及び国内の情勢と中国の発展の条件を総合的に分析し、深く研究し、繰り返し検証した基礎の上で、二段階の戦略的目標を明確に打ち出し、それに合わせた発展戦略目標と施策を講じた。第一段階は、二〇二〇年から二〇三五年にかけて、社会主義現代化を基本的に実現することである。[3]

この新たな戦略的目標は、より実務的で、深く、革新的であり、社会主義現代化の基本的実現を十五年前倒しすることになる。

三十年前の一九八七年、鄧小平同志はすでに現代化の基本的実現の「三つのステップ」の戦略的構想を打ち出した。「我々が定めた目標の中でより重要なのはやはり第三歩である。次の世紀、三十年から五十年の時間をかけて、対二〇〇〇年比で更に四倍にし、一人当たり約四千ドルに達する。そこまで来れば、中国は中位先進国の水準に達する」。これに基づき、「中国共産党規約」の「総綱」は、「建国百年の時点で、一人当たりGDPで中位先進国の水準に達し、現代化を基本的に実現する」ことを掲げた。

二〇一二年、我々の二〇二〇年の中国に関する研究結果は以下のことを示した。二〇二〇年から二〇三〇年、中国は第三歩の戦略的構想を前倒しで実現する。従って、より正確な表現は、「建国百年の時点で、一人当たりGDPで比較的先進的な国の水準に達し、社会主義現代化を全面的に実現する」である。これは、中国の「現代化強国」の夢を実現する最重要指標である。[4]

中国はすでに、基本的な現代化という目標を前倒しで実現する条件と基礎を備えている。第一に、改革開放から四十年近く、中国は世界の現代経済発展史において、成長速度が最も速く、持続期間が最も長く、受益人口の規模が最も大きいという過程を経験した。第二に、二〇一六年、第十六回党大会の報告が打ち出した二〇二〇年目標、すなわち、GDP四倍増という目標を前倒しで実現した。第三に、二〇一七年、第十七回党大会の報告が打ち出した、二〇二〇年の一人当たりGDPを対二〇〇〇年比で四倍に増やすという目標を前倒しで実現した。第四に、一九八七年に鄧小平同志が打ち出した「三つのステップ」の構想、すなわち、一人当たりGNP四千ドルをすでに前倒しで実現した。これら全ては、十五年前倒しで社会主義現代化を基本的に実現する上での有利な基礎とより高い土台を提供している。

中位先進国や先進国をいかに定義するかについては、二つの異なる基準がある。一つ目は、一人当たりGDPの絶対数の基準を用いる方法である。例えば、世界銀行が定める高所得国の基準は、一人当たりGDP一・二万ドルから十万ドルであり、二〇二〇年またはその後、中国の一人当たりGDPはこの基準に近づく、もしくは超える可能性がある。これは低い基準であり、なおかつ、人民元と米ドルの貨幣価値や為替相場の変動の影響を受け、歴史比較（不変の価格で計る必要がある）や国際比較（国際比較項目を取り入れる必要がある）の視点も備えておらず、両国の実際の購買力平価の差も非常に大きい。

二つ目は、一人当たりGDPの相対的基準を用いる方法である。例えば、米国の一人当たりGDP水準との相対的基準である。世界銀行が統計した二〇一五年のデータによると、一人当たりGDP（PPP）が米国の五〇％から七〇％の間に相当する国や地域は、中位先進国または比較的先進的な国と見なすことができる。一人当たりGDPが米国の七〇％から九〇％の間に相当する国や地域は、先進国と見なすことができる。一人当たりGDPが米国の九〇％以上であれば、高度先進国と見なすことができる。この相対的基準は動的なものであり、高い基準でもある。

そこで、我々は中位先進国の水準を一人当たりGDP（PPP、二〇一一年国際ドル、以下同じ）で米国の半分以上、先進国の水準を一人当たりGDPで米国の七〇％以上と定めた。これなら国際比較が可能で、動的で変化がある。グローバル成長のモデル予測では、二〇三五年、中国の一人当たりGDPは米国の一人当たり水準の五一％から五七％の間に相当するが、これが意味するところは、「一人当たりGDPで中位先進国の水準に達する」という元々の目標を前倒しで実現するということである。

二、二〇三五年の中国――現代化の基本的実現

第十九回党大会の報告が打ち出した、二〇二〇年から二〇三五年に社会主義現代化を基本的に実現するという主要目標の条件に基づき、社会主義現代化の「五位一体」の全体的布石の視点から、二〇三五年の発展戦略目標について分析と解釈を行う。[5]

（一）経済建設

経済的実力の大幅な飛躍。中国経済は長期にわたって「中高速成長」を維持し、二〇二〇年から二〇三五年の間、GDPの年平均成長率は四・八％から五・六％の間（表4－1参照）、二〇三五年、世界のG

DPに占める割合は二七・二五％から三一・四五％、世界のGDP成長に対する貢献度は三分の一以上に達する見込みである。

経済成長と同時に国民の所得も一緒に増やし、労働生産性の向上と同時に労働報酬も一緒に引き上げる。[6]都市と農村の住民の一人当たり可処分所得の年平均成長率約五％を達成し、中国の総就業人口がまずは増加を続け（二〇一五—二〇三〇）、その後減少に転じても（二〇三〇年以降）、総人口における就業率は引き続き五五％以上を維持する。[7]そのうち、女性の就業率は引き

表4-1　中国主要経済指標年平均成長率（2010-2035年）　単位：％

	2010-2015年	2015-2020年	2010-2020年	2020-2035年
GDP	7.8	＞6.5	7.15	4.8-5.6
労働生産性	7.45	＞6.6	7.03	5前後
都市住民1人当たり可処分所得	7.7	＞6.5	7.10	5前後
農村住民1人当たり可処分所得	9.6	＞6.5	8.04	5前後
住民消費水準	8.4	＞6.5		

（注）本表は2015年の数字に基づいて計算したもの。数字の出典はそれぞれ以下のとおり。
2010-2015年：「中国統計摘要（2016）」、20頁、40頁、63頁
2015-2020年：「国家第十三次五カ年計画要綱」、コラム2
2020-2035年：著者による推計。

表4-2　中国のGDP、一人当たりGDPに関する指標（2010-2035年）

	2010年	2015年	2020年	2035年
GDP　（兆ドル）	12.743	18.61	26.49	52.74-61.52
中国1人当たりGDP（ドル）	9526	13572	18697	36632-41597
米国1人当たりGDP（ドル）	49373	52704	57058	72395
中国1人当たりGDPの対米国水準比（米国=100%）	19.3	25.8	32.2	50.60-57.46

（注）本表は購買力平価（PPP）2011年国際ドルに基づいて計算したもの。数字の出典はそれぞれ以下のとおり。
1人当たりGDP（2011-2015年）：世界銀行オープンデータ
1人当たりGDP（2016-2035年）：著者による中水準または高水準の推計。付録参照。

表4-3　中国の産業構造（2015-2035年）　　単位：％

	2010年	2015年	2020年	2030年	2035年
第一次産業	9.5	8.8	7.2	6.0	5.3
第二次産業	46.6	40.9	36.8	31.6	29.1
工業	40.0	34.3	29.9	23.5	22.1
第三次産業	44.1	50.2	56.0	62.4	65.6

（出典）2010-2015年：国家統計局「中国統計摘要（2017）」、23頁
2020-2035年：著者による推計。

続き比較的高い水準を維持し、世界の上位に座る。非農業就業人口が増加して農業就業人口は減少を続け、知識型、技能型、起業型、イノベーション型の労働力大軍を築き、技能労働者の比率が目に見えて上昇し、[8]毎年増える新社会人のうち、高等教育機関の卒業生だけで七百万人を超え、労働生産性の上昇率は引き続き五％以上を維持する。

現代化経済体系の基本的な完成。世界レベルの先進的な製造業群を築き、現代的工業の付加価値がＧＤＰに占める割合は減少を続け、グローバル・バリューチェーンにおけるミドルエンドやハイエンドの中に入り、経済の質の強国を築き上げる。

現代的サービス業の付加価値がＧＤＰに占める割合は三分の二に達し（表４－３参照）、グローバルな競争力のある世界一流企業群と、世界最高の価値あるブランド群を築き上げ、[9]新産業が国民経済に占める比率を二倍にし、[10]先進的な経済産業構造を構築する。

農業及び農村の現代化を加速し、農業のサプライサイド構造改革を深め、現代的な農業の産業体系を構築し、現代化経済体系の重要な基礎とする。

インフラ体系をより先進的、完全、高効率、グリーン、安全なものにし、世界一流の超大規模の交通強国を築き上げる。発展の空間構成を改

善し、広げ、東西南北・縦横相互につながり、連動して発展する新しい局面を形成する。陸海総合的計画を堅持し、海洋経済の発展を加速し、海洋強国化を加速する。

世界最大規模の都市群、大中小の各都市、小規模の町が協調して発展する都市化の大局面を形成する。都市の質が目に見えて向上し、公共サービスは常住人口をカバーし、公共安全は国内外の旅行者も含めた実際の人口をカバーする。

世界最大規模の市場主体を有し[11]、彼らの積極性、創造性、革新性を引き出し、中国経済の持続的発展を支える重要なミクロ面の基礎とし、世界最大規模かつ競争力を有する市場と開放的な局面を形成し、グローバルな競争力のある世界一流企業と社会主義企業家を生み育てる。

科学技術の実力の大幅な向上とイノベーション型国家の前線への躍進。あらゆる要素の生産性は目に見えて向上し、研究開発（R＆D）経費の支出がＧＤＰに占める割合は二・八％以上に達し、ＯＥＣＤ加盟国の平均水準を超え、研究開発への投資は世界の五分の一から四分の一を占める。

就業人口一万人当たりの研究開発者の比率は上昇し続け[12]、各種の知識・技能人材は二億人を超え、国際水準を有する戦略的科学技術人材、科学技術分野のリーダー的人材、若手の科学技術人材、高水準のイノベーション集団を育成し、科学技術と人材の経済成長への貢献度は不断に上昇し、世界の科学技術発展と人類文明の進歩に重要な影響を与えるオリジナルの成果をより多く創り上げる。

世界最大規模のイノベーションセンター及び研究開発基地となる。

重要な基盤技術、最先端技術、現代的エンジニア技術、革命的技術革新を力強く支援し、宇宙強国、サイバー強国となり、世界最大規模のデジタル経済、デジタル雇用、デジタルサービスを築き、スマート社会を基本的に完成させる。

知識集約型サービス業の付加価値がＧＤＰに占める割合約四分の一を達成する。

（二）政治建設

党の指導、人民主体、法に基づく国家統治の高度な有機的統一を達成する。中国政治の優位性は更に明らかとなり、党が自らを整備する体系は基本的に完成し、党の大衆路線は国政運営のあらゆる活動に貫徹され、素養が高く、専門的な公職者を育成し、末端組織の組織力を効果的に引き上げる。

人民の平等な参加と発展の権利が十分に保障され、人民民主はより充足な発展を遂げる。人民代表大会と人民政治協商会議の制度はより完成され、民主選挙、協商、政策決定、管理、監督が効果的に実施され、人民の積極性、主体性、創造性が更に発揮される。

法治国家、法治政府、法治社会が基本的に完成し、合理的立法、厳格な法執行、公正な司法、全国民による遵法という局面を基本的に形成する。

国家の各制度体系はより効果的、透明、公平に執行され、政府の信用と執行能力は効果的に引き上げられ、人民を満足させられるサービス型の政府が完成する。

国家統治体系と統治能力の現代化が基本的に実現し、現代的財政制度を整備し、各レベルの財政的権限と支出責任を合理的に線引きし、権限と責任が明確で、財力の釣り合いが取れ、地域間が均衡する中央と地方の財政関係を築く。統治のコストは下がり続け、統治の効率は目に見えて向上し、国家の手、市場の手、社会の手という三つの手が握り合う局面を基本的に実現する。

(三) 文化建設

国の文化のソフトパワーが目に見えて強化され、社会主義文化強国が基本的に完成する。中国の伝統文化を継承、革新、発揚し、文化の全体的実力を強化する。全人民をカバーする公共文化サービス体系を構築し、日増しに高まる人民の精神文化に対する要求を満たし、国民の文化的素養と社会の文化レベルは顕著に向上する。

文化産業は国民経済の重要な支柱産業となり、その付加価値額がGDPに占める割合は増え続け、二〇一六年の四・〇%から二〇三五年には七%まで上昇し(表4－4参照)、世界最大の文化市場を形成する。

社会主義核心的価値体系の構築を強化し、それによって社会の思潮を導き、社会の共通認識を形成する。中国文化のソフトパワー、国際競争力及び影響力は著しく強化され、文化に対して普遍的に高い自信を身につける。

表4-4　中国文化産業付加価値及び対GDP比(2005-2035年)

年	文化産業付加価値(億元)	対GDP比(%)
2005	4253	2.30
2010	11052	2.75
2012	18071	3.48
2016	30254	4.07
2020	50000	5.0
2035	136500	7.0
2005-2015年平均成長率及び変化率(%)	20.4	0.17
2015-2020年平均成長率及び変化率(%)	12.9	0.21
2020-2035年平均成長率及び変化率(%)	6.9	0.13

(出典)2005-2015年：国家統計局、「光明日報」、2017年1月7日
2020、2030、2035年：著者による推計。

（四）民生及び社会建設

人民の生活はより豊かになり、世界最大規模の中の上の所得人口社会から、世界最大規模の高所得人口社会に成長する。

都市と農村の地域間発展格差と住民の生活水準格差は目に見えて縮小し、都市と農村の住民のエンゲル係数は二〇－二二％まで下がり、より富裕型の消費構造となる。

基本的な公共サービスの平等化は基本的に実現し、就学前三年の粗入園率と高校教育の粗就学率九五％以上、高等教育の粗就学率六〇％以上、主要な生産年齢人口に占める高等教育修了者の割合四〇％以上を達成し、教育強国、人材強国を築き、世界最大規模の全国民学習、終身学習、柔軟学習の学習型社会を築き上げる。

基本的な医療・衛生制度はより成熟、完成し、健康サービス体系は人間の人生周期の全体、全過程をカバーし、全ての人がより高い水準、より高い質、より公

表4-5　中国の人間開発指数の見通し（2015-2035年）

	2015年	2020年	2030年	2035年	2015-2035年平均成長率（%）
1人当たりGDP（2011年国際ドル）	13572	18070	28854	36632	5.1
平均期待寿命（歳）	76.36	77.3	79.0	79.5	0.2
期待教育年数（年）	13.0	13.5	14.4	14.8	0.7
平均教育年数（年）	10.23	10.8	11.7	12.0	0.8
人間開発指数	0.737	0.782	0.86	0.88	0.9
人口（億人）	13.75	14.17	14.51	14.38	0.2
人間開発総数（億人HDI）	10.13	11.08	12.48	12.65	1.1

（注）平均教育年数は生産年齢人口の平均教育年数。期待教育年数は就学前教育を含まない。人間開発指数（HDI）の計算は「人間開発報告書2015」における各国HDIの最高及び最低水準を参照。人間開発総数は総人口とHDIの積。2000-2015年の中国のデータに基づく玉洪川氏による計算と推計。1人当たりGDPは中程度の水準に基づく推計。

表4-6　中国全国31省・市・区の異なるHDIグループの対総人口比（1982-2030年）

	1982年	1990年	2000年	2010年	2015年	2020年	2030年
極めて高い人間開発水準（HDI＞0.8）	0.0	0.0	0.0	4.4	17.5	46.3	89.7
高い人間開発水準（0.7＜HDI≦0.8）	0.0	0.0	3.2	66.2	73.9	53.5	10.3
中位人間開発水準（0.55≦HDI≦0.7）	0.0	6.4	87.9	20.4	8.6	0.2	0.0
低い人間開発水準（HDI＜0.55）	100.0	93.6	8.7	0.0	0.0	0.0	0.0
全国合計	100.0	100.0	100.0	100.0	100.0	100.0	100.0

（出典）本書付録2

平な健康サービスと健康保障を享受する。期待寿命は七九・五歳に達し、健康産業は新たな支柱的新興産業となる。そして、世界最大規模の人的資源強国を築き上げる。

ＨＤＩを見ると、二〇一五年の〇・七三七から二〇三五年には〇・八八に達し、人間開発総数（総人口とＨＤＩの積）一〇・一三億人ＨＤＩから一二・六五億人ＨＤＩに上昇する。全国三十一の省・市・自治区を見ると、程度は異なるものの、ＨＤＩは総じて上昇する。異なる人間開発水準のグループを見ると、以下の三つの傾向が顕著である。一つ目は、各地域のＨＤＩの差が縮小を続ける。二つ目は、「極めて高い人間開発水準」のグループが全国の総人口に占める割合が大幅に増え、二〇一五年の一七・五％から、二〇三〇年には九〇％に近づく。三つ目は、「高い人間開発水準」のグループが全国の総人口に占める割合は逆に下がり、七三・九％から一〇・三％まで下がる（表4－6参照）。

これらは、全国各地域の主要な公共サービスとＨＤＩが基本的に同じ方向に向かい、全人民が共同富裕に向かって突き進む基本的な流れとなることを示しており、社会主義制度の本質的特徴と優位性も示している。

（五）エコ文明建設

生態環境が根本的に好転し、「美しい中国」の目標を基本的に実現する。中国はグリーン革新、エコ投資、エコ黒字の新時代に入り、人と自然が調和してグリーンな現代化を進める新しい局面を形成する。清潔、低炭素、安全、高効率のエネルギー体系を基本的に整備する。エネルギー利用効率は国際的な先端水準に達し、化石燃料消費の割合を更に下げ、クリーンエネルギーが一次エネルギー消費に占める割合を三五％以上とし、世界最大規模のクリーンエネルギー供給体系を築き上げる。また、石炭火力発電の設備容量を五〇％以下に抑えるとともに、その全てにおいて超低炭素排出を実現し、世界最高の効率とクリーンさの石炭火力発電システムを構築する。

環境の質を継続的に改善する。大気、水、土壌環境の状況は目に見えて一新され、主要な環境汚染要素と生態環境へのリスクは効果的に制御される。生態環境にとって有益な生産生活環境が基本的に完成し、環境の質は効果的に守られ、生態環境の安全保障能力は急速に高まる。

グリーン発展生産方式を基本的に形成する。体系が完成された構造優位のグリーン経済生産体系を整備し、国民経済の支柱産業とし、省エネ・環境産業や循環型経済を新興の戦略的産業とする。グリーンイノベーション能力と国際競争力を有する多くの大型グリーン企業群を形成し、グリーン技術製品基準やグリーンブランド基準を定め、経済と産業、業界と企業、技術と製品のグリーン転換を実現し、世界最大規模のグリーン雇用を創出する。

グリーンに発展する生活様式を基本的に形成する。全国民の環境保護意識を更に強くし、グリーン消費サービス基準を定め、グリーン消費、グリーン飲食、グリーン外出、グリーン居住、グリーン執務を促し、グリーン生活を人々の生活習慣とし、自主的に「美しい中国」のために貢献するようにする。

エコ文明建設は顕著な成果を上げる。重要な生態環境保護及び修復の任務は重要な進展を見せ、森林率は持続的に上昇し、森林面積と蓄積量は更に増え、回復した荒廃湿地も増え続け、砂漠化面積は縮小を続け、多くの国立公園と省レベルの公園を造る。

生態環境安全障壁を基本的に築き上げる。全国統一の空間規制体系を整備し、生態環境保護線、永久基本耕地、都市と農村の開発境界の三つの線引きを明確にし、生産空間は安全かつ高効率、生活空間は居心地良くし、生態環境空間は山紫水明で、森林、湖沼、湿地、草原、海洋などの自然生態系統の質と安定性を顕著に改善する。

エコ文明制度体系を更に整備する。生態環境管理体系と管理能力の現代化を加速する。グリーン発展指標をエコ文明建設の評価指標とし、年度評価、五年ごとの評価を実施する。生態環境保護制度を完成させ、様々なエコ補償システムを作り、エコ文明建設の政策及び法令体系を更に整備し、エコ文明建設分野の管理体系と管理能力の現代化を基本的に実現する。生態環境資源価値の評価・計算制度を整備し、各種資源の賃借対照表と物量評価口座を作り、自然の法則に適した責任主体と追及制度を整備し、完成された生態環境管理体系を形成する。

気候適応型社会、低災害リスク型社会を築き上げる。各種自然災害への総合的防御力を全面的に高め、防災、減災、救済体制を整備し、災害による死傷者数を顕著に減少させ、災害による経済的損失がＧＤＰに占める割合を効果的に抑制する。

二酸化炭素などの温室効果ガスのピークアウトを前倒しさせ、気候変動対策において最大限の排出削減効果を発揮する。

グローバルな環境管理に積極的に参加し、環境管理の国際協力を強化し、発展途上国の環境保護、気候変動対策、炭素排出抑制、削減約束の履行を支援する。

（六）国防及び軍隊建設

国防と軍隊の現代化を基本的に実現する。軍事理論、軍隊組織、軍事要員、武器装備の現代化を全面的に推進する。

全要素、多分野、高効率の軍民融合が深まる局面の形成を加速する。国防動員体系を整備する。[13]挙国体制の制度的優勢性と市場システムの活力の優位性を十分に利用し、国防費が国民経済に占める割合を着実に増やし、国防体系の対内開放を深く実施し、国防建設と国家計画を効果的に結合し、総合的国力の発展を効果的に国防力の発展に転化する。

三、二〇五〇年の中国——社会主義現代化強国の全面的建設

二〇二〇年、「小康社会」の全面的完成後、いかにして「二つ目の百周年奮闘目標」を実現するか。どのような戦略的施策と発展の経路があるか。この目標の実現には、長期的かつ計画的で、段階を分けた努力と奮闘が不可欠である。

第十九回党大会の報告は、二〇二〇年から今世紀半ばまでの三十年、社会主義現代化国家の全面的建設に対し、二段階の計画を確立した。

第一段階は二〇二〇年から二〇三五年までであり、「小康社会」の全面的建設という基礎の上、更に十五年の奮闘を続け、社会主義現代化を基本的に実現する。

第二段階は二〇三五年から今世紀半ばまでであり、現代化の基本的実現という基礎の上、更に十五年奮闘し、中国を富強、民主、調和、文明、美の社会主義現代化強国に築き上げる。[14]

大目標は、二〇五〇年までに、富強、民主、文明、調和、グリーンの社会主義現代化強国を全面的に築き上げることである。以下の六つの強国目標がある。[15]

第一に、富強の社会主義現代化経済強国を築き上げる。いわゆる「民富」とは（訳者注…「民富国強」という中国語を踏まえたもの）、平均的所得水準、人間開発水準、主要な工業化、情報化、都市化、現代化指標が世界の先進国の水準に達するということであり、二〇五〇年までに、中国の一人当たりＧＤＰ（ＰＰＰ、二〇一一年国際ドル）は米国の一人当たり水準の七〇％から八九％に達し、[16]国際比較で見て、一人当たりＧＤＰの絶対的水準にせよ相対的水準にせよ、二〇五〇年には「一人当たりＧＤＰで先進国の水準に到達」という目標は実現可能である。[17]

共同富裕時代から共同発達時代に入る。いわゆる「国強」とは、主要な量的指標が世界一であり続け、核心的競争力で世界の上位に座ることである。科学技術力は大幅に躍進し、世界の科学技術革新強国となり、世界の主要な科学の中心とイノベーションの高峰となる。

第二に、民主的な社会主義現代化政治強国を築き上げる。いわゆる民主的とは、社会主義民主政治建設、法治社会建設、法治国家建設、政治文明建設がより高い水準に達し、社会主義制度の優位性、政治の優位性、国家の優位性及び人民主体の人民の優位性がよりはっきりと現れることである。

第三に、文明的な社会主義現代化文化強国を築き上げる。いわゆる文明的とは、社会主義先進文化建設、精神文明建設、文化事業建設、文化産業の発展がより高い水準に達し、人民の精神文化生活がより豊かになり、公民の道徳的素養が全面的に向上することである。社会主義核心的価値観を実践し、社会全体が自覚的に行動し、国民の素養が著しく向上し、中国の精神、中国の価値、中国の力が中国の発展の重要な影響力及び推進力となり、国際影響力でトップクラスの国となる。中華文化の全体的実力、国際影響力、国際的ソフトパワーも更に強化する。[18]

第四に、調和的な社会主義現代化社会強国を築き上げる。いわゆる調和的とは、社会主義調和社会の構築である。労働者全体の十分な雇用、質の高い雇用、高い起業率を実現する。より高い水準、質、利便さの公共サービス体系を全面的に整備し、人口全体、人生周期全体、サービス過程全体をカバーし、人口の健康、社会の教育水準などの指標において世界の上位に入る。人口全体をカバーする高水準の社会保障体系を整備する。活力に満ち、団結し、和やかな社会を作り、効果的に各種の社会矛盾を調整し、各種の社会危機に対応し、各種の社会コストを抑える仕組みを形成する。各地域、都市と農村、所得の格差は全面的に縮小する。

第五に、美の社会主義現代化エコ強国を築き上げる。いわゆる美とは、すなわちグリーンであり、中国の特色あるエコ文明を最も備えたグリーンな現代化を創出する。人と自然が調和して付き合い、共生、共栄できるようにする。これには、世界最大の森林黒字国になること、「両屏三帯（訳者注：人間や都市との隔絶をイメージした青海・チベット高原生態障壁、黄土高原・雲南・四川生態障壁の二つと、帯をイメージした東北森林帯、北方防砂帯、南方丘陵地帯の三つの生態環境保護地域のこと）」という生態安全大戦略の布石を打つこと、人と水が調和する国、碧水と青空の国、世界的に現代化されたグリーンエネルギーの国を造ること、資源節約型社会、環境にやさしい社会、気候適応型社会、低災害リスク型社会を形成すること、二酸化炭素などの温室効果ガスを顕著に削減することが含まれる。これが中国の特色あるエコ文明を最も備えたグリーンな現代化、すなわち「美しい中国」である。

第六に、世界で強大な一流の軍隊を全面的に完成し、国防力、軍事戦闘力で世界の上位に座る。

第七に、人類の発展に大きな貢献をする国を造る。人類は地球という同じ村で生活している。各国は互いに依存し、苦楽を共にしており、力を合わせて人類運命共同体を作り上げなければならない。[19] そのため、中国は人類と世界の発展に対して、平和発展への貢献、経済発展への貢献、革新発展への貢献、文化・文明への貢献、グリーン発展への貢献という五つの貢献をしていく。

二〇五〇年までに、中国は五千年余りの文明史を有する古い国として、かつてない生命力と活力を発揮し、国家統治体系と統治能力の現代化を実現し、総合的国力と国際影響力でトップクラスの国となる。[20]

中国にとって、社会主義現代化建設は依然として二十一世紀前半の主題である。キーワードは「全面的建設」であり、これは「小康社会」の全面的完成からの継承性、連続性、段階性を有する。社会主義現代化の主任務と戦略的施策は概ね以下の三段階に分けられる。二〇三五年までに、社会主義現代化を基本的に実現する。二〇五〇年までに、富強、民主、文明、調和、美の社会主義現代化強国を築き上げる。従って、引き続き「五つの全面」の戦略的施策に沿って統一的に調整して進めることとなり、今後の相当な長期間における党の国政運営の総方針となる。

二〇五〇年の後、中国は社会主義中級段階に入ることとなるが、おそらくまだ数十年の時間がかかるだろう。そこで、「三つ目の百周年奮闘目標」を検討し、打ち出すことも考えられる。すなわち、改革開放百年の時点（二〇七八年）で、高度に発達した社会主義現代化強国を完成させ、今世紀末、中華民族の偉大な復興を実現するための基礎を固めるというものである。

1 習近平「小康社会の全面的完成の決戦に勝利し、新時代の中国の特色ある社会主義の偉大な勝利を勝ち取ろう―中国共産党第十九回全国代表大会における報告」二〇一七年十月十八日

2 張高麗「社会主義現代化国家の全面的建設の新たな道を切り開く」『人民日報』二〇一七年十一月八日

3 習近平「小康社会の全面的完成の決戦に勝利し、新時代の中国の特色ある社会主義の偉大な勝利を勝ち取ろう―中国共産党第十九回全国代表大会における報告」二〇一七年十月十八日

4 胡鞍鋼『二〇二〇年の中国：小康社会の全面的建設に向けて』清華大学出版社、二〇〇七年。胡鞍鋼『二〇二〇年の中国：小康社会の全面的完成に向けて』清華大学出版社、二〇一二年、六－七頁

5 張高麗「社会主義現代化国家の全面的建設の新たな道を切り開く」（『人民日報』二〇一七年十一月八日）も参照した。

6 張高麗「社会主義現代化国家の全面的建設の新たな道を切り開く」（『人民日報』二〇一七年十一月八日）も参照した。

7 二〇一六年、中国の満十六歳から六十歳の人口は九億千五百八十三万人であり、総人口の六七・〇％を占めている。中国の総就業人口は七億七千六百三万人であり、総人口の五六・一％を占めている。国家統計局編『中国統計摘要（二〇一七）』中国統計出版社、二〇一七年、四〇頁

8 二〇〇四年、中国の技能労働者数は八千七百二十万人、二〇一五年には一・六五億人まで上昇し、年平均成長率は六・〇％である。第二次産業の就業人口の割合は五二・一九％から七二・七％に上昇。二〇一六年、中国のハイテク人材が技能労働者総数に占める割合は二二・六％まで上昇した。

9 二〇一七年の「ブランド・ファイナンス・グローバル五〇〇」にすでに五十七ブランドが入っており、世界の一一・四％を占め、世

界第二位に躍進している。

10 二〇一六年、新産業が国民経済に占める割合は一四・六%、その雇用が総就業人口に占める割合は一〇・一%に達した。中国社会科学院人口及び労働経済研究所『人口及び労働緑書：中国人口及び労働問題報告No．十八―新産業、新雇用』社会科学文献出版社、二〇一七年十二月十九日

11 二〇一七年、中国の市場主体の登録数はすでに九千万余りに達し、そのうち企業数は約三千万社、残りは自営業者など。また、約二億の家族経営の農家、都市や町の自営業ではない創業者が存在し、世界最大の市場経済主体国家を形成しており、EU、米国、日本の総数を上回っている。寧吉喆「現代化経済体系の建設」『第十九回党大会報告副読本』人民出版社、二〇一七年、一七七頁

12 「第十三次五カ年計画国家科学技術イノベーション計画」によると、就業人口一万人当たりの研究開発者の数は、二〇一五年の四八・五人から、二〇二〇年には六十人に増え、年平均成長率は六・九%となり、二〇三五年には百人を超える見込みである。

13 許其亮「習近平の強軍思想の国防及び軍隊建設における指導的地位の確固たる確立」『第十九回党大会報告副読本』人民出版社、二〇一七年版、五二－五三頁

14 習近平「小康社会の全面的完成の決戦に勝利し、新時代の中国の特色ある社会主義の偉大な勝利を勝ち取ろう―中国共産党第十九回全国代表大会における報告」二〇一七年十月十八日

15 主として張高麗「社会主義現代化国家の全面的建設の新たな道を切り開く」（『第十九回党大会報告副読本』人民出版社、二〇一七年版、二八－二九頁）を参照した。

16 二〇五〇年、中国の一人当たりGDPは六・〇七－七・七〇万国際ドルに達する見込み。本研究の予測はアジア開発銀行の「アジア二〇五〇―アジアの世紀は実現するか」よりも明らかに高い。当該報告は二つの場合に分けて予測を行っている。第一は「アジアの世紀」という状況の下、二〇五〇年の中国の一人当たりGDP（購買力平価）は五・二七万ドルに達し、米国の一人当たりGDP（九・四九万ドル）の五五・五%に相当するというもの。第二は中所得国の罠に陥った場合であり、その場合は二・三五万ドル、米国の一人当たりGDP（九・四九万ドル）の二四・八%に相当するというもの。ハリンダー・S・コーリ他「アジア二〇五〇―アジアの世紀は実現するか」（中国語版）人民出版社、二〇一二年、二四二頁

17 世界銀行のデータによると、二〇一五年、世界各国と各地域のうち、一人当たりGDP（PPP、二〇一一年国際ドル）が米国の一人当たり水準よりも高いのは十一カ国・地域、八〇－一〇〇%の間は十カ国・地域、五〇－八〇%の間は二十カ国・地域、米国の一人当たりGDPの五〇%以上に相当する国は合計で四十二カ国（米国を含む）である。

18 二〇一八年一月五日に修正。

19　習近平「手を携えて協力共益の新パートナーシップを構築し、心を合わせて人類運命共同体を創り上げよう」新華網、二〇一五年九月二十八日

20　張高麗「社会主義現代化国家の全面的建設の新たな道を切り開く」『第十九回党大会報告副読本』人民出版社、二〇一七年版、二八－二九頁

第五章　現代化の全体的布石

経済建設、政治建設、文化建設、社会建設、エコ文明建設を全面的に推進し、現代化建設の各側面、各段階の調整を進め、美しい中国を築き上げる。

——習近平（二〇一三）

中国の特色ある社会主義事業の全体的布石は「五位一体」、戦略的施策は「四つの全面」である。

——習近平（二〇一七）

中国の特色ある強軍の道を堅持し、国防と軍隊の現代化を全面的に推進する。

——習近平（二〇一七）

二〇五〇年、いかにして中国を富強、民主、文明、調和、美の社会主義現代化強国に築き上げるのか。実現のための基本的筋道は、根本的には、人民の全面的発展を中心とした「六位一体」の現代化を実現しなければならない。すなわち、経済、社会、エコ文明、政治、文化、国防及び軍隊の現代化である。

第十九回党大会の報告は、「中国の特色ある強軍の道を堅持し、国防と軍隊の現代化を全面的に推進する」[1]と明確に掲げた。国防と軍隊の現代化は「六位一体」の現代化の全体的布石の中に組み込まれた。経済の現代化によって富強の目標が実現でき、政治の現代化によって民主の目標が実現でき、社会の現代化によって調和の目標が実現でき、文化の現代化によって文明の目標が実現でき、エコ文明の現代化によってグリーンの目標が実現でき、国防と軍隊の現代化によって国家安全の目標が実現できる。「六位一体」の現代化は、いずれも本質的には人間の現代化を中心としており、人間の全面的発展のために経済、社会、政治、安全、自然の面からの条件と保障を作るものである。

「六位一体」の現代化は、相互に関連し、支え、作用し、生産力から生産関係、経済的基礎から上部構造の有機的総体である。経済の現代化は全面的現代化の基礎であり、社会の現代化は社会主義の性質を集中的に体現し、グリーン現代化は中国の国情が必要とするものであり、政治の現代化は効果的に動機を生み出し、文化の現代化は中華民族の偉大な復興を実現し、社会主義の現代的イデオロギーを形成する。

国際的な現代化比較の視点から見て、中国の「六位一体」の現代化は、経済的現代化、物質的現代化を指標とする西側の現代化をすでに超越しており、南側の国に対して、全面的現代化を生み出し、実現するための重要な経験を提供している。[2]

二〇五〇年に向かう中国の「六位一体」の現代化のそれぞれについて議論と提言を行い、奮闘の方向性を打ち出し、努力目標を明確にし、全体的布石を整え、基本的任務を定めることとしたい。

一、経済建設

第十九回党大会の報告は次のとおり述べた。「『二つの百周年奮闘目標』と、中華民族の偉大な復興という中国の夢を実現し、人民の生活水準を不断に引き上げ、断固として発展を党の執政と興国の第一の任務とし、社会生産力の解放と発展を堅持し、社会主義市場経済の改革の方向を堅持し、経済の持続的かつ健全な発展を進めなければならない」。

社会主義現代化の経済建設は、経済の安定的かつ健全な発展を必要とするだけでなく、経済構造と発展の原動力においても大きな変革を求めている。経済構造の面では、伝統的な経済発展から現代的な経済発展に転換し、農業及び工業主導の産業体系から第一次、二次、三次産業が調和した現代的産業体系に転換し、サービス業、特に現代的サービスを主とする経済体を作り上げなければならない。発展の原動力の面においては、自然資源、人的資源が主に主導する状況から、投資主導、イノベーション主導に転換し、人的資源、人材、科学技術革新を中国が大発展、大繁栄した共同富裕社会となるための鍵とする。

目下、中国は全面的なイノベーション主導戦略を実施しており、要素主導型から科学技術主導型に変える。第十九回党大会の報告が指摘したとおり、「イノベーションは発展を引っ張る第一の動力であり、現代化経済体系を構築する戦略的支柱である」。中国は、教育、人材、科学技術の相互依存と相互促進の政策体系を構築することを通じて、かつてない科学技術革新の成果の爆発的成長を実現し、世界における重みも絶えず増し、世界における順位も不断に上昇しており、長期にわたる西側主導の世界経済と貿易の構造及び科学技術革新の独壇場を打破しつつある。中国は科学技術革新強国になり、科学イノベーション能力、技術革新能力、科学技術人的資本、科学技術投入能力、科学技術市場能力が大幅に向上し、科学技術の総合的実力で世界一になる見込みもある。

中国の経済発展の質と利益も大きな飛躍を実現するだろう。産業構造から見て、中国はポスト工業化時代またはサービス業時代に向かっていく。二〇五〇年、農業付加価値額がGDPに占める割合は四・〇%まで低下し、同時に、農業現代化水準は上の段階に上がり続け、現代的農業産業体系、現代的物質設備、現代的農業科学技術、現代的農業機械化・情報化、現代的農業経営体系、社会化サービス体系などにおいて先進国の水準に達し、農業労働生産性で少なくとも中位先進国の水準に達する。

第二次産業の付加価値額の比率もより顕著に下がり、四分の一前後まで下がる。そのうち、主として工業の比重が二〇%以下まで下がり続け、労働生産性の水準は先進国を越える。中国は世界製造業強国となるばかりでなく、ハイテク産業強国にもなる。

第三次産業の付加価値額は七〇%前後まで上昇し、二〇一五年のOECD各国の平均値（七〇・一%）に匹敵する。[3] そのうち、知識経済（特に、知識サービス業）は中国の主要な産業の一つとなるだろう。旅行業、健康と高齢者産業、文化産業、教育と教育産業などが高度成長の段階に入り、中国の重要な四大

表5-1　中国研究、衛生、教育資本投入の対GDPの見通し（2015-2050年）

	2015年	2020年	2030年	2035年	2050年
研究開発強度　（%）	2.06	2.50	3.00	3.11	3.50
衛生総経費の対GDP比（%）	5.95	7.4	8.6	9.0	10.3
国家予算の教育経費支出の対GDP比　（%）	4.26	4.72	5.13	5.28	5.50
合計　（%）	12.27	14.62	16.73	17.39	19.30

2015年の数字の出典は、国家統計局編「中国統計年鑑2017」中国統計出版社、2017年、632頁、698頁、722頁。

支柱産業となり、世界最大規模の産業（付加価値額、従事者数、サービス人口などを含む）にもなる。

二〇五〇年、中国の就業構造はすでに先進国の特徴を示し、農業従事者の比率は七%前後、第二次産業は二〇%前後となり、第三次産業は七〇%以上に達する。将来、デジタル経済、サイバー経済などの新経済、新産業、新業態が急速に中国の国民経済と社会発展の基礎的な経済となり、全産業、全社会、全人口、全サービスに浸透し、三大産業をより相互に浸透、融合発展、共同発展させ、引き続き世界最大規模の雇用と個人所得を生み出していく。

中国経済の長期的発展を支える各種人的資本の対GDP比を見ると、研究開発、衛生、教育の三大資本投入の対GDP比は上昇傾向を維持し、二〇一五年の一二・二七%から二〇五〇年には一九・三〇%に上がる（表5－1参照）。このことは、こうした「ソフト面の投資」が中国の長期的かつ持続可能な「中高速成長」と安定成長を強力に支え、中国の重要な研究開発資本と人的資本となることを十分に示している。

中国は製造業の伝統的な優位性を維持するのと同時に、新しい現代的産業の優位性の形成も加速する。中国の広大な中西部の内陸は、中国の産業の移転のために巨大な戦略的空間を残しており、将来の中国の産業発展は全面的なグローバル競争力を発揮し、中国の沿海地区は高付加価値産業、ハイテク産業、現代的サービス業の開放的基地及び新しい世界の工場となる。

都市化人口の増加、都市と農村の一体化、高齢者人口の割合の増加は、新たな貯蓄の動機や人的資本の供給を生み得るものであり、全要素の生産性を引き上げ、経済の持続的成長を進める。

中国は農村のインフラ整備や社会事業発展により力を入れ、農村における生産と生活の条件を全面的に改善し、集約化、専門化、組織化、社会化が相互に結びついた新型の農業経営体系を形成する。都市と農村が一体化して発展する体制と仕組みを実現し、都市及び農村計画、インフラ、公共サービスなどの面において一体化を進め、都市と農村の要素が平等に交換され、公共資源が均等に配分される新局面を形成する。

一方、中国は教育の深化による労働生産性の向上、老後保障制度整備による新しい貯蓄源泉の創出、労働市場制度の整備を通じて、人口高齢化時代の労働資源と人的資本の量を拡大する。[4]

中国は更に全面的に開放型経済の水準を高める。第十九回党大会の報告は、「開放は進歩をもたらし、閉鎖は必ず落伍する。中国が開放している扉が閉じることはなく、ますます広くなる一方である」として、開放型経済の発展方向を明確にした。経済グローバル化の新たな情勢に応じ、より積極的、主体的に開放戦略を実践し、互恵共益、多元均衡、安全高効率の開放型経済体系を整備しなければならない。特に、西側諸国の成長力が衰え、南側諸国がグローバル経済成長の主要な原動力になる中で、中国の発展は巨大な市場空間、投資空間、雇用空間に恵まれている。

中国は世界レベルの多国籍企業群を育て上げる。「一帯一路」戦略を代表として、二国間、多国間、広域及び狭域の地域開放型協力を総合的に進め、自由貿易戦略の実施を加速し、周辺国家との連結を進める。

中国の経済成長の内在動力の源は「五つの化」（工業化、都市化、情報化・デジタル化、国際化・グローバル化、インフラ現代化）である。これは人類史上最大規模、最高速度の「五つの化」であると同時に、中国経済が高度成長を維持する「五大エンジン」でもあり、中国の経済成長に新しく、絶えることのない原動力を与えてくれる。

二、政治建設

人民。人民だけが世界の歴史を創造する原動力である。[5] 人民は中華民族の偉大な復興の主体でもある。政治建設の基本的条件は、人民の目標と国家の目標を統一させ、人民の利益と国家の利益を統一させることである。中国の特色ある社会主義の民主政治を不断に発展させることを通じて、より良く人民大衆と各地方、各機関の思想と行動を「人民中心」の発展思想に統一させ、それによって相互の理念、目標、動機、行動の融和を実現する。

政治の現代化とは、中国の政治建設を進めることであり、党の指導と中国の根本的政治制度を堅持するという前提の下、中国の特色ある社会主義民主政治の具体的制度を絶えず改善し、より良く実行し、より高い水準の社会主義政治文明を実現しなければならない。これには、以下の二つの側面が含まれる。

第一に、国家の制度体系をより完全で、成熟し、定まったものとすることであり、これには人民民主を実現し、国家の政権を率い、法治国家及び党自身を建設するなど、一連の制度が含まれる。第二に、その制度体系の下、制度の執行をより効果的、透明、公平にすることである。制度体系の下、執行能力を向上させ続け、執行の過程において絶えず制度体系を改善し、完成させていく。

人民民主という政治の道は、中華民族にとって衰退から勃興への正道、勃興から復興への正道である。共産党の最大の優位性は人民であり、最大のリスクは人民から離れることである。人民の主体性を保障する核心は人民民主であり、党と大衆の密接な関係、水と魚の関係を確保する。

中国共産党は、まず現代的政党を設立し、その後に現代的国家を築いたのであり、現代的国家が成立した後に工業化、都市化、現代化の道を開いた。工業化、都市化の進展は中華民族の偉大な復興を促進した。毛沢東が述べたとおり、「我々は大衆を信じ、党を信じなければならない。この二つは根本的原理であり、もしこれらを疑うのであれば、何も成し遂げることはできなくなる」[6]。逆に言えば、この二つの原理を堅持し、人民民主と党の指導を堅持しさえすれば、何でも成し遂げることができ、二十一世紀の中国は必ずや偉大な復興を成し遂げるであろう。

国家制度の現代化の本質は、国家統治のコストを下げ、国家の現代化の利益を高めることである。国家統治の競争の本質は、国家統治の制度と統治能力の競争である。効果的な国家統治は市場管理も促し、特に統一した、競争のある、高効率な市場体系を作り上げる。国家統治と社会管理の目標も同じであり、国家と社会の管理コストを下げ、末端社会の管理コストも下げなければならず、また、マクロ社会の利益を最大化しつつ、ミクロ社会の利益も最大化しなければならない。

根本は、国家の手、市場の手、社会の手という三つの手が握り合うことを実現することである。高効率で目に見えない市場の手、高効率で目に見える政府の手、高効率の社会管理の手が必要である。そうして初めて市場取引のコストを下げ、国家統治のコストと社会管理のコストを下げることができ、また、ミクロ経済、マクロ経済、社会の利益を最大化することができる。政府と市場の手、国家と社会の手、党と人民の手の握り合いを促し、実現し、党、国家、社会の各種業務と管理を制度化、規範化、プロセス化し、中国の特色ある社会主義制度の効果的な国家統治能力を不断に高め、運用していく。

三、文化建設

第十九回党大会の報告は、「文化とは、一つの国家、一つの民族の魂である。文化が栄えれば国は栄え、文化が強ければ民族は強い。高い文化的自信及び文化の繁栄と興隆なくして、中華民族の偉大な復興はない」と指摘した。

社会主義現代化の文化建設は、社会主義文化の大発展、大繁栄を必要としており、社会主義文化強国を築き上げることを求めている。文化建設における主要な仕事は精神建設であり、社会主義核心的価値体系の構築を更に強化し、社会主義核心的価値体系によって全党を武装し、人民を教育し、全社会の思想の灯台、共通の価値観、精神の核にしなければならない。

文化建設の恩恵は全人民に及ばなければならず、全人民をカバーする公共文化サービス体系を整備する必要があり、公民の文化的素養と社会の文化の程度を全面的に高め、より高い次元で、より大きい程度で人民の精神文化生活を豊かにしていく。

文化建設は文化産業の発展と切り離せない。文化産業の規模、集約性、専門性の水準を高め、国民経済の支柱産業とし、中華文化の国際影響力を増強し続ける。

「中国の特色ある社会主義文化は、中華民族の五千年以上の文明史が育んだ中華の優れた伝統文化の流れをくみ、革命、建設、改革の中で党が人民を指導して創り上げた革命文化と社会主義先進文化によって精製され、中国の特色ある社会主義の偉大な実践に根差している」[7]。社会主義現代化の文化建設は、中国文化の社会主義性、人民性、民族性という三つの基本的特徴にしっかり基づいて展開せねばならず、そうして初めて唯一無二の中国文化を生み続けることができ、社会主義文化強国の建設という目標を最終的に実現することができる。

そのうち、「社会主義性」は中国文化の核心的価値観であり、中国文化の前進方向と発展の道を指示している。「人民性」は中国文化の主体であり、人民が文化を創造して共有し、中国文化の現代的特徴を体現している。「民族性」は中国文化の歴史的源であり、文化の創造と発展に尽きることのない動力を与えている。「社会主義性」は社会主義核心的価値体系の構築を必要としており、それによって社会の潮流を導き、社会の共通認識を形成し、党全体、社会全体において統一の指導思想、共同理念と信念、強力な精神力と基本的道徳規範を形成する。

中国の特色ある社会主義文化発展の道を堅持してこそ、民族全体の文化の革新と創造の活力を喚起し、社会主義文化強国を築くことができる。社会主義理論を深く学習し、マルクス主義の中国化、時代化、大衆化を推進し続け、党全体、社会全体における中国の特色ある社会主義理論の学習、研究、運用を強化し、理論を真に人民の生活に入り込ませ、人民の生活と密接に結合させる。

理想や信念の教育を幅広く実施し、民族の精神と時代の精神を大いに発揚し、社会主義核心的価値観を積極的に提唱、実践し、人民の精神世界を豊かにし、人民の精神力を強化し、社会主義現代化事業に絶えることのない精神的動力を提供しなければならない。

公共文化サービスの水準を引き上げ、人民の精神文化生活を豊かにする。必ず政府の主導を堅持し、標準化、平等化という条件に従い、文化インフラ建設を強化し、公共文化サービスのネットワークを整備し、都市と農村をカバーし、構造が合理的で、機能が健全で、実用的かつ高効率な公共文化サービス体系を構築し、大衆が幅広く無料または手頃な基本的公共文化サービスを受けられるようにしなければならない。

「人民性」は、社会主義文化建設は人民が共に創り、共に享受し、全人民をカバーする公共文化サービス体系を構築し、公民の文化的素養と社会文化の程度をはっきりと引き上げるものであることを求めている。現代中国文化は十四億人の人民が共に創り上げ、共に享受し、集団で共有しているものである。これは、中国文化が世界の他の文化体と異なる重要な特徴であり、中国文化の強靱な創造力と生命力の基礎と柱である。

文化産業の発展を加速し、現代的文化産業体系を構築する。文化的創意を各分野、各業界、社会のあらゆる層に行き渡らせ、創意経済、創意社会、全国民創意を形成する。公有制度を主とし、様々な所有制度を同時に発展させる文化産業の局面を形成する。文化が民を豊かにし、恩恵を与えるよう努める。

文化科学技術革新を推進し、新興文化産業を発展させる。

社会主義道徳の形成を進め、社会のマナー、職業道徳、家庭美徳、個人の道徳教育と個人の信用構築を重視し、道徳や模範を学ぶ活動を常態化し、公民の道徳的素養を全面的に引き上げる。思想政治活動を改善、整備し、人文への配慮と心理カウンセリングを重視し、ボランティア活動を広く展開し、向上心に満ち、互いに助け合う社会の雰囲気を醸成し、公民の健全で明るい心理的素養を育てる。

人民を中心とした文化作品の創作、文化活動の実施を堅持し、全国民読書、運動、文化的インターネット活動を展開し、人民の文化生活を豊かにしなければならない。

「民族性」は、中国の伝統文化を継承、革新、発揚し、文化の全体的実力と競争力を強化し、中国を世界一流の文化強国にすることを求めている。民族性は、中国文化が時間とともに新しくなり続け、永遠に活力を保つための源泉であると同時に、中国文化が世界に進出し、影響力を高めるための鍵でもある。

中国文化の歴史性、民族性、創造性を十分に理解し、伝統文化を受け継ぎ、各民族の文化を尊重し、社会発展の実践と人民の文化に対する要求を密接に結び付け、中国人民全体の智恵の結晶の現代における再革新、再発展を実現しなければならない。

社会の利益優先、社会の利益と経済の利益の結合という原則を堅持し、文化産業の発展を加速し、産業が文化を担い、文化が産業を促し、文化産業の規模化、集約化、専門化の水準を高め、文化産業を中国の国民経済の支柱産業とし、国際市場において競争力と影響力を有する産業としなければならない。

文化と科学技術の融合を進め、新しい文化業態を発展させ、文化の普及力を強化し、人民により豊かな文化製品を提供し、中国の文化産業の競争力を更に高めなければならない。

世界の文化に対する開放的な意識を維持し、海外の優秀な文化的成果を積極的に吸収して参考にし、中華民族文化の世界への影響力を高めるよう努め、文化への高い自覚と自信を持って中国文化と世界文化の大融合、大発展に向かわなければならない。

文化のソフトパワーと競争力は国家富強、民族振興の重要な指標である。社会の利益第一、社会の利益と経済の利益の統一を堅持し、文化事業の全面的繁栄と文化産業の急速な発展を進めなければならない。

文化製品をより豊かにし、現代的公共文化サービス体系を基本的に整備し、文化産業が経済において支柱的効果をもたらし、文化のソフトパワーを顕著に強化し、中華文化の海外進出の足取りをより大幅にし、社会主義文化強国建設の基礎をより確かなものとする。

四、社会建設

社会主義現代化の社会建設は、人民の生活水準を全面的に引き上げ、共同発展、共同繁栄、共同富裕の社会主義社会を築くことを必要としている。教育、雇用、医療などの公共サービスの供給水準を高め、基本的な公共サービスの平等化を全体的に実現し、所得、教育、健康、公共サービスの供給水準など、多方面の指標が日増しに均等化し、社会主義制度の優位性を真に発揮する。

人民中心の社会建設は党の基本的政治原則である。第十九回党大会の報告は、「全党は、人の問題がなぜ一つの政党、一つの政権の性質を測る試金石であるのかをしっかりと胸に刻まなければならない。人民を率いて美しい生活を築くことは、我々の党の終始変わらない奮闘目標である。常に人民の利益を最上位に据え、改革と発展の成果の恩恵がより多く、より公平に全人民に及ぶようにし、全人民の共同富裕に向かって突き進み続けなければならない」と指摘している。

中国の発展の根本的目標は、十数億人の人民の幸福を高めることであり、これには全人民が裕福で胸を張れる生活を享受することだけでなく、より高い水準の教育を受けることや、より健康的で長寿な人生を送ることも含まれる。

全国民の終身学習機会を更に拡大し、全国民学習、終身学習により適した現代的教育体系を築き、現代的職業教育体系を更に整備する。就学前教育の機会を大幅に増やし、義務教育普及の成果を更にしっかりと高め、高校段階の教育を普及させ、高等教育も一般化の段階に入り、生涯教育の参加率を顕著に引き上げ、学習型社会の形成を新たな段階に引き上げる。

第十九回党大会の報告は、教育事業を優先的に発展させ、社会主義現代化教育整備の速度を上げ、世界人的資源強国及び人材強国の列に加わることを掲げた。教育の現代化を全面的に実現し、十五年義務教育（就学前の三年と十二年の初等中等教育）を全面的に実行し、高等教育の粗就学率を七〇％以上にし、全国民終身学習体系と学習型社会を構築し、二〇五〇年には平均就学年数一二・八年を達成する。

各種教育の質を全面的に引き上げ、三年の就学前教育をしっかり実施し、九年の義務教育を平等に発展させ、高校教育を高い水準で普及させ、現代的職業教育の発展を加速し、生涯教育を積極的に発展させる。また、終身、多層的、全方位の教育体系を構築し、日増しに多元化する人民の教育に対する要請に応える。

教育の公平性を大きく促進し、教育資源を合理的に配分し、農村、辺境、貧困地区、民族地区などの教育の発展を支える。また、特殊教育の発展を支え、社会のエネルギーが教育を興すよう促し、全ての子供の教育を受ける権利を保障する。

世界高等教育強国を作り上げ、一部の大学や学科を世界一流もしくは上位入りさせる。

第十九回党大会の報告において、党中央は健康中国戦略を打ち出した。健康保障体系を整備し、健康サービス能力を向上させ、社会主義現代化強国にふさわしい健康国家を築き上げる。健康サービスのサプライサイド構造改革を更に進め、国民皆保険体系を整備し、公平に利用できて、システムが一体的で、全ての人と人生周期全体をカバーする医療サービス提供し、健康産業の転換と発展を進め、健康製品と健康サービスの供給能力を強化し、人民の健康への要請に応える。

全国民の健康に対する素養を大幅に高め、自主自律、自己の特徴に合わせた健康的生活を送るよう促し、主な健康危険因子を効果的に抑制し、健康的な生産活動と生活に資する環境を基本的に形成する。二〇五〇年までに、中国の主な健康指標は世界でも上位に達する。社会主義現代化の「二つ目の百周年目標」を全面的に実現すると同時に、それにふさわしく、持ちつ持たれつの関係の健康中国を築き上げる。その頃には、平均期待寿命は八一歳を超えているだろう。二〇五〇年には、中国の総人口はインドよりも少なくなり、世界第二位ではあるが、中国の健康な総人的資本は世界首位となり、中国国民の健康に対する素養も世界の上位となる。

多層的な雇用体系と労働市場を整備し、より質の高い雇用を実現する。雇用体系を整備し、労働者の自主的な就業、市場による雇用の調整、政府による雇用促進と起業支援という雇用形式を構築し、人的資源がより十分に活用されるようにしなければならない。労働市場と就職支援体系を整備し、就職情報供給体系を強化し、労働基準体系と労使関係調整の仕組みを改善し、労働保障監督と争議の調停及び仲裁を整備、強化し、人民の雇用のため良質なサービスを提供し、調和のとれた労使関係を作る。

平均所得水準を引き上げ、世界の先進国の水準に達すると同時に、所得格差を縮めていく。所得分配制度改革を深め、一次分配における労働報酬の割合を高め、国民所得の増加と経済発展、労働報酬の増加と労働生産性の向上という「二重の同時進行」を実現し、人民が経済発展の成果をしっかりと享受できるようにする。

税収、社会保障、移転支出を主な手段とする再分配調整機能の整備を加速し、社会の富を合理的に分配し、低所得者の所得増加を確保し、経済の効率性と同時に社会の公平性も保障し、経済発展の成果の恩恵が真に人民に及ぶようにし、社会主義制度の優位性を体現しなければならない。

中国は、共同発展、共同繁栄、共同富裕の大同時代を迎える。共同発展が共同繁栄を生み出し、共同繁栄が共同富裕に導く。三大格差、すなわち都市と農村の格差、地域格差、個人格差を縮小し続けていく。これらの格差は単なる所得格差ではなく、所得、教育、健康、公共サービス供給水準などの多面的な指標を含むより幅広い発展の格差である。全人民が比較的裕福な生活を送れ、比較的質の高い公共サービスを受けられ、公平に発展の成果を分かち合えるようにする。

五、エコ文明建設

第十九回党大会の報告は、「美しい中国」は目下の最重要目標の一つであると指摘した。「美しい中国」の実現には、生命に接するのと同様に自然に接し、生態環境の保護が生産力の保護であることを認識し、あらゆる自然環境を体系的に管理し、生産発展、生活富裕、生態環境良好な文明的発展の道を断固として歩むことが必要である。

人と自然の調和と共生というグリーン現代化の道は、二十一世紀の中国の現代化が必ず通る道であり、更には人類発展の革新的道でもある。中国は気候変動に対応し、グリーン経済を発展させる。産業構造を調整し、グリーン産業を発展させる。グリーンエネルギーに投資し、グリーン消費を促進する。これらは、中国の長期的な経済成長を促進するだけでなく、経済成長の質を高め、社会福祉を拡大し、経済発展と環境保護、生態環境の安全、気候変動への適応という「多面的勝利」を実現する。経済成長による温室効果ガス排出の増加量が減少する、ひいては両者の相関関係がなくなる二十一世紀のグリーン発展モデルを率先して創出する。

グリーン現代化は中国が必ず選ばなければならない道である。中国は気候変動に対応し、グリーン経済を発展させ、産業構造を調整し、グリーン産業を発展させ、グリーンエネルギーに投資し、グリーン消費を促進する。これらは中国の長期的な経済成長率に水を差すことなどないばかりか、経済成長の質と社会福祉を大幅に高め、経済発展と環境保護、生態環境の安全、気候変動への適応という「多面的勝利」を実現するものである。

中国の現代化の道は革新の道である。それは、一七五〇年の英国の産業革命以来の経済成長と温室効果ガス排出を同時に増加させる伝統的発展モデルとは異なり、経済成長と同時に温室効果ガスの排出も削減する、ひいては両者の相関関係がなくなるという二十一世紀前半に新たに生み出されたグリーン発展モデルである。

二十一世紀の中国の現代化の主題とキーワードはグリーン発展と科学的発展の実現である。すなわち、ブラック工業化、都市化、現代化からグリーン工業化、都市化、現代化へ、ブラック製造からグリーン製造へ、ブラックエネルギーからグリーンエネルギーへ、ブラック貿易からグリーン貿易へ、ブラック都市からグリーン都市へ、ブラック消費からグリーン消費へ、である。

二〇三〇年、中国は全面的にエコ黒字時代に入る。第一に、経済成長とエネルギー消費、石炭消費、二酸化炭素排出、水資源消費、汚染物質排出の相関関係がなくなる。第二に、人類が自然に報い、環境の質を改善し、森林、草地、湿地などの生態環境資産が大幅に増える。これは、古代中国の「天人合一」の理念が真に実現されることを意味し、人類の発展は自然からの略奪という対価を払わず、人と自然が共存、共栄する。これは、中国の将来の発展にとって重要な意義を有するだけでなく、人類文明への最大の貢献、すなわちグリーンな貢献であり、「天人合一」の貢献である。

二〇五〇年まで、二酸化炭素排出量は大幅に減少を続け、世界と歩調を合わせ、一九九〇年の水準の半分を達成する。再生可能エネルギーの比率は五五％を超え、石炭消費比率は二五－三〇％くらいまで下がり、その全てがクリーン利用である。森林率は二八％、中国居住民による発明特許申請数は世界一、グリーン現代化を基本的に実現し、先進国の水準に達し、真に人類に対してグリーンな貢献をし、エコ文明社会を全面的に完成させる。

六、国防建設

第十九回党大会は、習近平の強軍思想を見事に総括し、鮮明に掲げ、国防と軍隊の現代化を全面的に進める指導的思想とした[8]（コラム5－1参照）。

国防現代化は常に中国の社会主義現代化の重要な一部であり、強軍は常に中国の社会主義現代化強国の核心的目標の一つである。

第十九回党大会は、社会主義現代化強国の全面的建設、中国の特色ある強軍の道と国防及び軍隊現代化に対する戦略的施策に着眼し、人民の軍隊を強化し、世界一流の軍隊に築き上げるという目標とロードマップを描いた。二〇二〇年までに機

コラム5-1　習近平の強軍思想

人民軍隊に対する党の絶対的指導を堅持する。党の指揮に従い、戦闘に勝利でき、優れた気風を持つ人民軍隊を築き上げることは、「二つの百周年奮闘目標」を達成し、中華民族の偉大な復興を実現する上での戦略的支柱である。人民軍隊に対する党の指導に関する一連の根本的原則と制度を必ず全面的に貫徹し、国防及び軍隊建設における新時代の党の強軍思想の指導的地位を確立し、政治主導の軍隊建設、改革による軍隊強化、科学技術による軍隊振興、法に基づく軍隊統治を堅持し、実践主眼、イノベーション主導、体制整備、集約化と高効率化、軍民融合をより重視し、新時代における党の強軍目標を達成しなければならない。

（出典）「第十九回党大会報告」2017年10月18日

械化を基本的に実現し、情報化で重要な進展を得て、戦略的能力を大幅に向上させる。二〇三五年までに国防と軍隊の現代化を基本的に実現する。そして、今世紀半ばまでに人民の軍隊を全面的に世界一流の軍隊に築き上げる。[9]

国防建設は立国の礎であり、中華民族の偉大な復興の重要な保障でもあり、「六位一体」の現代化の全体的布石の重要な一部でもある。中国の経済の実力、科学技術の実力、国防の実力、国際影響力、総合的国力は上がり続ける。しかし、中国の国防の実力は、経済の実力、科学技術の実力、総合的国力に釣り合っておらず、国家安全保障の需要を満たしておらず、中国の世界における地位にも見合わない。依然として中国の社会主義現代化における突出した弱点であり、引き続き国防と軍隊の現代化を加速しなければならない。

世界の大国との国際比較では、中国の国防費の投入規模は依然として大きな不足がある。二〇一五年の中国の国防支出はＧＤＰの一・三三％であり、明らかに大国としての国防需要を満たせていない。これは、米国（二〇一五年は三・三二％、）ロシア（同五・〇一％）、インド（同二・四二％）に遠く及ばず、世界の大国の中で最低の水準にある（日本を除く）。国防も生産力である。従って、国防支出がＧＤＰに占める割合の合理的な範囲についてしっかり検討し、国家の安全と発展を協調させ、富国と強軍をバランスさせなければならない。国防支出の対ＧＤＰ比の最低目標を二・〇％とし、二・五％を目指す。

軍民が深く融合する発展戦略を大きく推進する。すなわち強国戦略、更には強軍戦略であり、強国が強軍を作る民族復興の大計である。第十九回党大会の報告は、「富国と強軍の統一を堅持し、統一的指導、最上層による設計、改革革新、重要案件の実施を強化し、国防科学技術工業改革を深め、軍民融合が深く発展する局面を形成し、一体化した国家戦略体系と能力を構築する」と述べた。四つの融合を進めなければならない。すなわち、社会主義市場経済体制への融合、社会主義混合経済への融合、地域及び地方経済への融合、中国及び世界経済への融合である。[10]軍民融合を進めるには、中国の特色ある社会主義の挙国体制の優位性にしっかり依拠し、最上層による軍民融合の設計を整備し、上位制度を整備し、政策実行体系を整備し、改革を通じて軍民融合に制度的活力を注入しなければならない。

軍民融合とは、国防資源の効果的配分における政府（軍隊）と市場の積極的な役割を十分に発揮させ、国防の生産性を最大化し、中国軍の質・効率型、科学技術集約型への転換を加速し、一本腕から二本腕へ、一本足から二本足へ、一つの資源から二つの資源へ、社会全体の資源配分の総合的効率を高め、軍民融合式の基礎的分野における資源共有体系、科学技術とイノベーションの相乗体系、軍事人材の育成体系を築くことであり、そうして初めて中国の国防発展の袋小路から根本的に脱することができる。最終的に国防体制と市場システムを一致させ、統合的に運用し、相互補完させ、相互に刺激させ、相互に促進させる。

軍民の科学技術体制を融合させる。[11]国内の技術市場イノベーションとの深い融合、海外のハイテク市場イノベーションとの深い融合を含め、より緊密で、円滑で、融合した科学技術一体化、市場一体化、イノベーション一体化の体制や仕組みを構築し、経済、科学技術、人材、保障という多くの分野の融合的な発展の実現に尽力する。経済的実力、総合的国力を国防の実力に変え、科学技術の実力を国防科学技術の実力に変えなければならない。逆に、国防科学技術の実力は、中国の科学技術の実力と総合的国力を更に強化することができる。

国防建設は大きな外部性を生み出し、経済と社会建設を促進する。軍民一体の市場化された生産及び研究体系は国防建設の重要な一部となり、国防建設に全国民による保障を与える。

まとめると、社会主義現代化の「六位一体」の全体的布石は、中国の十数億人の全人民が全面的に発展する社会主義現代化の戦略的計画、長期的計画を十分に反映している。この全体的布石に沿って、社会主義現代化建設の各方面の協調、生産力と生産関係、経済的基礎と上部構造の協調を促進する。

1　習近平「小康社会の全面的完成の決戦に勝利し、新時代の中国の特色ある社会主義の偉大な勝利を勝ち取ろう―中国共産党第十九回全国代表大会における報告」二〇一七年十月十八日
2　胡鞍鋼『中国の道と中国の夢』浙江人民出版社、二〇一三年、八九－九〇頁
3　計算したデータの出典は世界銀行オープンデータ。
4　蔡昉『人口変化、人口黒字とルイスの転換点』
5　毛沢東「連合政府を論じる」（一九四五年四月二十四日）『毛沢東選集』第三巻、人民出版社、一九九一年、一〇三一頁
6　毛沢東『農業合作化に関する問題』（一九五五年七月三十一日）人民出版社、九頁
7　習近平「小康社会の全面的完成の決戦に勝利し、新時代の中国の特色ある社会主義の偉大な勝利を勝ち取ろう―中国共産党第十九回全国代表大会における報告」二〇一七年十月十八日
8　許其亮「習近平の強軍思想の国防及び軍隊建設における指導的地位の確固たる確立」『第十九回党大会報告副読本』人民出版社、二〇一七年版、五一頁
9　習近平「小康社会の全面的完成の決戦に勝利し、新時代の中国の特色ある社会主義の偉大な勝利を勝ち取ろう―中国共産党第十九回全国代表大会における報告」二〇一七年十月十八日
10　胡鞍鋼「『第十三次五カ年計画』期間において軍民融合の深い発展を進める四つの関係と八つの優位性［J］」軍民融合、二〇一五（二）：三一

11　習近平総書記は以下のとおり指摘している。国防科学技術と武器装備分野は軍民融合発展の重点であり、軍民融合発展の水準を測る重要な指標でもある。習近平「軍民融合の革新体制の構築を加速し、我が軍の建設に強大な科学技術の柱を提供する」中国中央テレビ局総合チャンネル、二〇一七年三月十二日

第六章

中国の現代化の世界に対する影響と貢献

我々は終始一貫して平和発展の道を歩み、終始一貫して互恵共益の開放戦略を実行し、中国自身の発展に尽力するのみならず、世界への責任と貢献も強調する。中国人民を幸せにするだけでなく、世界人民にも幸福をもたらす。「中国の夢」の実現が世界にもたらすのが平和であり、混乱ではなく、チャンスであり、脅威ではないようにする。

——習近平（二〇一三）

人類運命共同体の構築は美しい目標であり、上の世代から下の世代へバトンをつないで初めて実現できる目標でもある。中国は多くのメンバー国、国際組織及び機関と共に、共同で人類運命共同体の偉大な過程を進めていく。

——習近平（二〇一七）

中国の特色ある社会主義は新時代に入った。このことは、近代以来、長い苦難を味わった中華民族が立ち上がり、豊かになり、強くなるという偉大な飛躍の時を迎え、中華民族の偉大な復興という明るい未来を迎えたことを意味している。このことは、科学的社会主義が二十一世紀の中国において強力な活力と生命力を発揮し、世界において中国の特色ある社会主義の偉大な旗印を高く掲げたことを意味している。このことは、中国の特色ある社会主義の道、理論、制度、文化が不断に発展し、発展途上国の現代化への道を切り開き、急速な発展を望みつつ、自身の独立性を保ちたい世界の国家と民族に対して全く新しい選択肢を提供し、人類の問題を解決するために中国の智恵と案を以て貢献したことを意味している。

——習近平（二〇一七）

二十一世紀半ばまでに、中国は「二つ目の百周年奮闘目標」を実現するだけでなく、世界最大の先進的な現代化強国となる。世界の発展に大きな影響と役割を発揮し、人類の発展に巨大な貢献をする。これは、以下の五つの側面を含む。

第一に経済的貢献である。中国は世界の経済成長の最大のエンジンであり、中国は世界最大の市場となり、ますます強力な外部性と積極的な波及効果を備え、世界に対してますます大きな市場、貿易、雇用、投資における貢献をする。

第二にイノベーションの貢献である。中国は世界最大のイノベーション国家となり、イノベーション型国家を全面的に築き上げる。中国は世界のイノベーションの先導者となり、人類の科学技術の進歩を導く。

第三にグリーンの貢献である。中国は世界のグリーン発展の先導者となり、地球環境保護、気候変動対応、省エネ・排出削減、グリーン工業革命の促進などの面において積極的な貢献をする。

第四に文化的貢献である。中華文明、中国の理念は世界に大きな影響を与え、中国文化のソフトパワーは大幅に上昇する。二十一世紀の中国の和合思想は「和して同ぜず」の世界観を主張し、現代の「和合思想」は世界の多様性を主張し、国際関係の民主化と発展方式の多様化を提唱している。中国の「各々の良さがあり、共存する」「万国協調」「天人合一」などの思想はますます多くの人に受け入れられるようになる。

第五に知識の貢献である。中国の特色ある社会主義の道、理論、制度、文化が不断に発展し、発展途上国の現代化への道を切り開き、急速な発展を望みつつ、自身の独立性を保ちたい世界の国家と民族に対して全く新しい選択肢を提供し、人類の問題を解決するために中国の智恵と案を以て貢献する。

一、中国の世界に対する影響と役割——四大趨勢

二〇五〇年に向かって、全人類は千年未曽有の大時代に入り、千年未曽有の大変化が起きており、千年未曽有の「大同世界」を迎えた。特に、相互に関連し、影響し、作用する四つの趨勢に表れている。すなわち、「大発展」「大同化」「大逆転」「大変革」である。[1] 第十九回党大会の報告において、習近平も次のとおり同様の判断を下している。「世界はまさに大発展、大変革、大調整の時期にある。……世界の多様化、経済のグローバル化、社会の情報化、文化の多様化が深く進展し、世界協治体系と国際秩序の変革が進んでいる。……」。中国はこの四つの趨勢の発展に積極的かつ極めて重要な先導的推進作用を発揮する。

第一に「大発展」である。世界の発展は主に南側国家の大発展に表れており、南側国家は世界の第三次黄金発展時代の最も主要な推進力となる。この発展の趨勢に加わる南側国家の数の多さ（二百近くの国と地域）、人口規模の大きさ（六十億人の人口）、発展速度の速さ（北側国家よりもはるかに速い）、経済のグローバル化と一体化の程度の深さは、いずれも過去二回の黄金時代（それぞれ一八七〇年から一九一三年、一九五〇年から一九九〇年）[2]とは比較にならない。

二〇五〇年には、中国は世界最大の経済体となり、世界の経済成長の主要な貢献者となる。同時に、中国は世界のイノベーション科学技術強国となり、科学技術と知識のグローバル化の深い発展を推し進める。世界は共同発展、共同進歩に向かって歩む。

第二に「大同化」である。南側国家の経済が離陸し、北側国家を猛追し、南側と北側の経済発展水準は過去二世紀の「大格差」から「大同化」へと向かう。この時期に至って、南側国家の一人当たりGDPは北側国家の三分の一に達する。人間開発水準は引き続き「大同化」に向かい、世界全体が高い人間開発水準の段階に入る可能性がある。

国際的な絶対的貧困人口は、過去二世紀の持続的増加から持続的減少に転じ、二〇三〇年には基本的に解消される。[3]この時期、中国経済は更に発展し、先進国との差は更に縮まる。中国は各国との経済、貿易、科学技術の協力を更に強化し、世界を共同繁栄、共同富裕に向かわせる。

第三に「大逆転」である。南北格差の構造は大逆転を見せ、南側国家が世界経済、貿易、投資の構造を主導し、北側国家が世界を主導した過去二世紀の局面に終止符を打つ。南側国家は対外投資の主要な受入側になると同時に、投資側となる。南側国家の主要な経済指標が世界に占める割合はその人口比に近づく。この時期、中国は更に世界市場に溶け込み、国際貿易を強化し、世界市場の重要な参加者となり、世界を更なる平均と平等に向かわせる。

第四に「大変革」である。気候変動、エネルギー不足、人口高齢化などの問題は人類社会に多大な課題をもたらし、世界協治体制と構造の大変革を促した。南側国家が主役となり、より大きく積極的な役割を果たし、世界の均衡な発展に貢献し、世界をより公正で、合理的、寛容な方向へと向かわせている。中国は発展の好機をつかまねばならず、国際協力を強化し、相応の国際責任を負い、世界協治体系改革を進める提唱者、推進者、先導者とならなければならない。

二、人類の発展に対する中国の五大貢献

中国は世界で人口最大の国であり、世界で経済及び貿易規模が最大の国となり、人類の発展に大きな貢献をするチャンスと条件を備えているのみならず、その願望と能力も有している。

新中国成立から七年後の一九五六年、中国がまだ物質的にも文化的にも貧しい国であった頃、毛沢東は早くも有名な「中国貢献論」を唱えた。すなわち、二十一世紀には、中国は人類に比較的大きな貢献をすべきであるというものである。[4] 一九七八年、中国は依然として世界最大の絶対的貧困社会の国であったが、鄧小平は早くも、中国は第三世界により大きな貢献をすべきである旨述べた。[5]

二〇〇七年、胡錦涛は、二〇二〇年には中国は人類文明により大きな貢献をしなければならない旨述

べた。[6]

二〇一三年、習近平は以下のとおり述べた。「我々は終始一貫して平和発展の道を歩み、終始一貫して互恵共益の開放戦略を実行し、中国自身の発展に尽力するのみならず、世界への責任と貢献も強調する。中国人民を幸せにするだけでなく、世界人民にも幸福をもたらす」[7]。

二〇一七年、第十九回党大会の報告は以下を指摘した。「この新時代は、過去を受け継いで未来を開く、新たな歴史的条件の下で中国の特色ある社会主義の偉大な勝利を獲得し続ける時代である。……中華の子孫全体が一心同体となり、努力して中華民族の偉大な復興という中国の夢を実現する時代である。中国が日々世界の舞台の中心に歩み入り、絶えず人類により大きな貢献をしていく時代である」[8]。

二十一世紀は中国が人類の発展に多大な貢献をする世紀である。この原因は以下に求められる。第一に規模の効果である。すなわち、一国の人口、経済、科学技術の規模が大きくなるほど、世界の発展に対する貢献も大きくなる。第二に速度の効果である。すなわち、一国の主要な経済社会開発指標が速い速度を示すほど、世界の発展に対する量的貢献は大きくなる。第三に開放の効果である。すなわち、一国が開放し、世界に対して全面的に開放し、世界の発展に深く関わるほど、世界に対するプラスの効果は顕著となる。第四に協力の効果である。すなわち、一国が互恵共益の対等な協力の態度を持つほど、他国及び世界の受益効果は顕著となる。

中国は、以上の四つの条件をすでに兼ね備え、四つの効果を生んでおり、経済発展、科学技術革新、グリーン生態環境、文化・文明という四大貢献を体現している。

第一、経済発展における貢献。

二十一世紀は世界大発展の世紀である。中国は世界経済の中で、終始最も重要な役割を担う。二〇五〇年まで、中国は一貫して世界の経済成長の最大の原動力であり、成長に貢献する。中国は一貫して世界の貿易成長の最大の原動力であり、貿易で貢献する。中国は一貫して世界の投資成長の最大の原動力であり、投資で貢献する。中国は一貫して世界の雇用成長の最大の原動力であり、雇用で貢献する。中国は一貫して世界の消費成長の最大の市場であり、市場で貢献する。中国の経済発展は世界の経済成長に巨大な「チャイナ・チャンス」を提供する。

第二、科学技術革新における貢献。

二十一世紀は、世界の科学技術革命が重要な突破を成し遂げる世紀である。このことは、中国が二〇五〇年までに世界の科学技術強国になるための極めて貴重な科学技術革命の機会を生んでおり、中国が追走から並走、更には世界科学技術革命を先導するための天の時と地の利を与えてくれている。

中国は科学技術革新の分野において一段上に上り、世界に対して突出した貢献をする。中国は世界最大のイノベーション国家となり、イノベーション型国家を全面的に完成させる。中国は世界のイノベーションの先導者となり、人類の科学技術の進歩を率いる。

中国はイノベーション分野において強力な優位性を有する。研究開発分野の投入資金は増え続け、製造業分野の実力は厚く、教育体系の更なる整備により素養の高い人材は増加を続け、これらは中国がイノベーション強国として突き進むための重要な基礎となっている[9]。

これらの優位性は、ますます多くのイノベーション型多国籍企業による中国での投資や拠点設置を呼び込んでおり、イノベーション技術交流促進の有力な支えとなっている。また、中国国内のイノベーション研究開発機関は、世界のイノベーションネットワークを通じて、自身の製品を格上げし、「メード・イン・チャイナ」を真に海外進出させる。

第三、グリーン生態環境における貢献。

二十一世紀は世界がエコ文明時代に向かう世紀である。このことは、中国が人類の発展に対して、グリーン生態環境での貢献を行うためのかつてない機会を生んでいる。

生態環境は最大の公共財であると同時に、最も脆い公共財でもある。従って、国内であれ国際であれ、中国はグリーン発展を創出し、生態環境に投資し、全国及び世界に公共財を提供する。

中国は世界最大のグリーンエネルギーの投資国、生産国、消費国、輸出国となり、新エネルギー技術と設備の最大の生産国、ひいては最大の輸出国となる。中国は新エネルギー、クリーンエネルギー、低炭素産業において発展し、世界の先導者となる。

中国はグリーン成長を率い、世界のグリーン経済発展史上かつてない「黄金成長期」を切り開く。中国は世界のグリーン貿易の最大のエンジンとなり、世界最大のグリーン製品の輸出国の一つとなる。中国は積極的に世界のグリーン管理に参加し、それを率い、世界のグリーン発展のリーダー国となる。

中国は世界のグリーン発展の先導者となり、地球環境保護、気候変動対応、省エネ・排出削減、グリーン工業革命促進などの分野において積極的な貢献をする。

二〇五〇年、中国は国内の二酸化炭素排出を大幅に削減し、エネルギー使用効率を大幅に高め、公平で公正な世界の気候変動合意の形成を更に促進する。中国は気候変動交渉も積極的に推進し、国際炭素取引などの政策の実施を促進する。その他、中国は各国とのグリーン技術分野における交流と協力も強化し、世界のグリーン発展を共同で進める。

第四、文化・文明における貢献。

二十一世紀は世界の各文化が相互に交流、学習する世紀である。このことは、中華の文化・文明の復興のための極めて貴重な機会を与えている。

二十一世紀、世界における情報と知識の伝播と流動は、文化の伝播と融合にかつてない有利な条件を生んでいる。これにより、文化の融合と衝突の中で、新たな文化もより生み出されやすくなり、新たな思想も絶えず広まり、一種の文明の興隆が促される。文化が興る重要な条件の一つは都市化の発展と偉大な文明であり、特に現代文明は全て都市を主要な領域としている。

二〇五〇年、中国の都市人口の規模は十二億人に達し、米国の総人口の三倍以上となり、文化の創造に巨大な空間を作り出す。文化が興る重要な条件の一つは教育の発展であり、知識の一般化、大衆化は文明復興の知識的基礎である。二十一世紀前半、中国人の平均教育年数は米国を越え、平均的教育水準が世界で最も高く、教育が最も普及した国となる。

文化が興るもう一つの条件は伝播手段である。中国はすでにインターネット利用者が最も多い国である。中国文化の復興は人口規模、教育水準、文化的需要、革新能力、伝播手段のいずれにおいても、過去の文化復興をはるかに上回る。

中華文明及び中国の理念は、世界に大きな影響を与え、中国のソフトパワーは大幅に向上し、二十一世紀の中国の和合思想は「和して同ぜず」の世界観を主張し、現代の「和合思想」は世界の多様性を主張し、国際関係の民主化と発展方式の多様化を提唱している。中国の「各々の良さがあり、共存する」

「万国協調」「天人合一」などの思想はますます多くの人に受け入れられるようになる。

二十一世紀の中国の和合思想は「和して同ぜず」の世界観の真髄を主張し、世界の多様性を主張し、国際関係の民主化と発展方式の多様化を提唱している。また、中国の「和して同ぜず」の世界観が全国の人民に認められ、共通認識を形成し、ひいては実践の中で世界各国に広範に認められ、それと合った国際システムや制度を形成し、国同士が平和共存し、世界が共に繁栄するよう努めるべきことを強調している。

第五、発展知識における貢献[10]。

今日の世界が直面している最大の課題と最も困難な問題は発展の問題である。その核心は、いかにして世界の五分の四の発展途上国との間で発展、持続可能な発展、共同発展、発展の共有を実現するかである。「中国の特色ある社会主義の道、理論、制度、文化が不断に発展し、発展途上国の現代化への道を切り開き、急速な発展を望みつつ、自身の独立性を保ちたい世界の国家と民族に対して全く新しい選択肢を提供し、人類の問題を解決するために中国の智恵と案を以て貢献した」[11]。

中国の発展の「核」は、人民中心の発展思想を堅持することである。一貫して最も広範な人民の根本的利益を実現し、守り、しっかり発展することを根本的目的とし、人民の幸福増進、人間の全面的発展促進を発展の出発点、着地点、核心点とし、発展の成果の恩恵がより多く、より公平に全人民に及ぶようにする。

中国の発展の「策」は、中国の現代化の目標と道のりを自主的に選択することである。現代化の「三つのステップ」「二つの百周年奮闘目標」「二段階の目標」を確立し、新型の工業化、情報化、都市化、農業現代化を同時に発展させ、インフラ革命を進め、「発展のギャップ」を越え、民生を大きく改善し、人間の現代化と社会の全面的進歩を全方位で推進する。

中国の発展の「道」は、現代化の道の方法論を実務的に選択することである。現実から出発して、自国の国情に合った道を選び、ウロウロせず、ジタバタせず、世代から世代へ引き継ぎ、自己革新に挑み、それに長け、制度の生命を守り、国内と国際の大局を把握し、互恵共益の中で人類運命共同体を構築する。

三、中国は世界大同を推し進める

前世紀以来、人類は植民地主義時代、帝国主義時代を経験し、それらに別れを告げ、今まさに覇権主義時代に別れを告げ、共益時代を迎えようとしている。これは、人類がかつて払った巨大な歴史的代価の教訓であるのみならず、未来の人類発展のための必然的選択でもある。

第十九回党大会の報告は、「人類は数多くの共通の課題に直面している。……人類が直面している各種の課題に単独で対応できる国は存在せず、閉鎖的な孤島に逆戻りできる国もない」と指摘した。中国はすでに世界の舞台の中心にたどり着き、世界協治に全面的に参加しており、終始世界平和の構築者、世界発展の貢献者、国際秩序の維持者となり[12]、世界各国、国際組織、国際機関と共に人類運命共同体の構築を進め、「世界大同」の提唱者、推進者、先導者となる。

いわゆる提唱者とは、中国が「逆グローバル化」の陰の中から立ち上がり、平等、開放、協力、分かち合いの「新グローバル化」を積極的に提唱するということである。すなわち、平等を基礎に、各国の国際経済協力における権利平等、機会均等、ルール平等を確保する。開放を方向性として、排他的対応をとらず、統治システムの閉鎖化やルールの分断化を防止する。協力を動力として、ルールを話し合い、仕組みを共に築き、課題に共に立ち向かう。分かち合いを目標として、全員参加、全員受益を提唱する。[13] 中国は「一帯一路」イニシアティブを基礎として、沿線国家と「話し合い、共に築き、分かち合う」。そして、共同で政治的相互信頼、経済的融合、文化的包容の利益共同体、運命共同体、責任共同体を築く。

いわゆる推進者とは、中国が関係各国と平等互恵、協力共益の国際協力を行うことである。中国は世界各国に真の発展の機会を提供し、共に人類の幸福を増進する。中国は一貫して各国が中国という発展の「急行列車」あるいは「相乗り自動車」に同乗し、利益を分かち合い、共に進歩することを歓迎している。また、中国は引き続き国際開発援助を強化し、協力を通じてより多くの雇用や技術的支援を提供し、より多くの発展途上国を世界経済の分業に参加させ、世界の発展空間が一体的に発展するよう更に推し進める。

いわゆる先導者とは、中国が国際社会においてますます重要な主導的役割を果たすことである。国際的対話の促進を通じて、中国は各国間の政治、経済、貿易、科学技術、エネルギー、環境管理の分野における協力を強化し、各分野の条約の制定を推進し、共に国際秩序の均衡と安全の局面の安定を守り、経済の開放性と包容性、文化の繁栄と多様性、生態系の持続可能な発展を促進する。また、中国は国際組織においてより重要な役割を担い、新たな世界協治の仕組みの整備を進め、世界協治に参加するより多くの機会を新興国と発展途上国に与え、世界協治の新秩序の形成を進める。

中国経済の持続的発展に伴い、南側国家の経済が離陸し、北側国家を追い上げ、南北の経済発展水準が過去二世紀の「大格差」から「大同化」へと向かう。南北格差の構造は大逆転を見せ、南側国家が世界経済、貿易、投資の構造を主導し、北側国家が世界を主導した過去二世紀の局面に終止符を打つ。

人間開発水準は引き続き「大同化」に向かい、世界全体が高い人間開発水準の段階に入る可能性がある。過去二世紀の国際的な絶対的貧困人口は基本的に解消される。第一歩は二〇一五年、世界は成功裏に国際社会が打ち出した「ミレニアム開発目標（ＭＤＧｓ）」を達成し、発展途上国の貧困発生率は一九九〇年の四三・六％から二〇一五年の一三・四％まで下がった。そのうち、中国の貧困削減貢献率は四分の三にも達する。[14]

第二歩は今から二〇三〇年まで、国際社会が打ち出した「持続可能な開発目標（ＳＤＧｓ）」に基づくもので、その第一の核心的目標は「世界各地のあらゆる形態の貧困を終わらせる」ことであり、中国は二〇二〇年、十年前倒しでこの目標を実現する。世界は共同繁栄、共同富裕に向かう。

二〇五〇年、中国は社会主義現代化を全面的に実現し、中華民族の偉大な復興を迎える。中国の復興は根のある復興であり、根のない復興ではない。中国には五千年の文明史がある以上、それに続く未来がある。過去にそうであっただけでなく、現在もそうであり、未来もまたそうである。根があるから継続し、生き続けるのである。

中国の文明復興はかつてない文明復興となり、新たな現代的文明体の勃興となる。それは中華民族の偉大な復興の核心的な構成部分であり、中国の全面的復興、革新的復興の思想的源泉と精神的動力である。中国の歴史、世界の歴史に計り知れない巨大な影響を与え、世界文明史上に新たな峠を築き上げるであろう！

1　胡鞍鋼、鄢一龍、魏星『二〇三〇年の中国：共同富裕への邁進』中国人民大学出版社、一九三－一九五頁

2　詳細な分析は、Angus Maddison, A. (1995a). Monitoring the World Economy, 1820-1992, OECD Development Centre, Paris. 参照。

3　国際的な絶対的貧困のラインは、世界銀行が定義した一人一日の生活費一・九〇ドル未満。世界銀行オープンデータによると、発展途上国における貧困発生率は、一九八一年の四一・九%から二〇一三年の一〇・六七%まで下がっており（世界銀行オープンデータ：http://data.worldbank.org/indicator/SI.POV.DDAY?locations=1W&start=1981&end=2013&view=chart）、二〇三〇年には三%以下に下がる見込み。

4　一九五六年、毛沢東は「孫中山先生を記念する」という文章の中で、以下のとおり指摘した。「一九一一年の革命、すなわち辛亥革命から今日まで、わずか四十五年であるが、中国の様子はすっかり変わった。更に四十五年後、すなわち二〇〇一年、つまり二十一世紀に入った頃、中国の様子は更に大きく変わり、中国は強大な社会主義工業国になっているだろう。中国はそうなるべきなのである。なぜなら、中国は九百六十万平方キロメートルの土地と六億人の人口を擁する国家であり、中国は人類に比較的大きな貢献をすべきだからである。ところが、そのような貢献は、過去の長い期間においては、少なすぎた。我々はこのことを恥ずかしく思う」。毛沢東「孫中山先生を記念する」（一九五六年十一月十二日）『毛沢東文集』第七巻、人民出版社、一九九九年、一五六－一五七頁

5　一九七八年五月、鄧小平は外国の賓客に対して以下のとおり述べた。「我々はまだ非常に貧しく、無産階級としての国際義務の面において多くのことを成すことがまだできず、貢献は少ない。四つの現代化を実現し、国民経済を発展させれば、我々の人類、特に第三世界に対する貢献はもう少し多くなるだろう」。鄧小平「四つの現代化を実現し、永遠に覇を唱えない」（一九七八年五月七日）『鄧小平文選』第二巻、人民出版社、一九八三年、一一二頁

6　胡錦涛は以下のとおり指摘している。二〇二〇年、「小康社会」の全面的建設の目標が実現する時、……対外的により開放し、より親近感を持たれ、人類文明により大きな貢献をする国となっているだろう。胡錦涛「中国の特色ある社会主義の偉大な旗印を高く

掲げ、小康社会の全面的建設の新たな勝利を勝ち取るために奮闘しよう―中国共産党第十七回全国代表大会における報告」二〇〇七年十月十五日（中共中央文献研究室編『第十七回党大会以来の重要文献選集』（上）中央文献出版社、二〇〇九年、一六頁）

7 習近平のモスクワ国際関係大学における重要演説。二〇一三年三月二十三日

8 習近平「小康社会の全面的完成の決戦に勝利し、新時代の中国の特色ある社会主義の偉大な勝利を勝ち取ろう―中国共産党第十九回全国代表大会における報告」二〇一七年十月十八日

9 『二〇三〇年の中国』四〇頁

10 胡鞍鋼、楊竺松「発展途上国の現代化に対する中国の示唆」『人民日報』二〇一七年十二月四日

11 習近平「小康社会の全面的完成の決戦に勝利し、新時代の中国の特色ある社会主義の偉大な勝利を勝ち取ろう―中国共産党第十九回全国代表大会における報告」二〇一七年十月十八日

12 習近平「小康社会の全面的完成の決戦に勝利し、新時代の中国の特色ある社会主義の偉大な勝利を勝ち取ろう―中国共産党第十九回全国代表大会における報告」二〇一七年十月十八日

13 習近平のG20ビジネスサミット開幕式における基調講演「中国発展の新たな起点、世界成長の新しい青写真」二〇一六年九月三日、新華社杭州

14 World Bank Group. World Development Indicators 2015, pp.2, World Bank Group.

第七章

結語

――中国共産党の偉大な使命

一九六二年、毛沢東同志は、西側は「三百十数年をかけて強大な資本主義経済を築き上げた」と指摘した上で、「我が国は、五十年から百年前後で、強大な社会主義経済を築き上げる」[1]と予言した。

今日これを振り返ると、中国共産党成立百年の時点で、「小康社会」の全面的完成という偉大な目標を実現する。新中国成立百年の時点で、富強、民主、文明、調和、美の社会主義現代化強国という偉大な目標を実現する。

「二つの百周年目標」実現後、すなわち二〇五〇年以後、中国は社会主義中級段階に入る。中国発展の時代の主題は「共同富裕」から「共同発達」に移り、少なくともまだ二つの大きな歴史的任務を負っている。一つは中国の改革開放百年の時点で、高度に発達した社会主義現代化強国を築き上げること、すなわち「三つ目の百周年奮闘目標」である。もう一つは今世紀末に中華民族の偉大な復興を実現することである。

ここで、簡単に「三つ目の百周年目標」の構想を説明する。キーワードは「共同発達」から「高度発達」に変わる。

大目標は、二〇七八年、高度に発達した民主、文明、調和、美の社会主義現代化強国を全面的に築き、中華民族の偉大な復興の実現のためにより高く、より堅固な基礎を固めることである。

第一、高度に発達した社会主義現代化強国になる。

第二、高度に民主的な社会主義現代化強国になる。

第三、高度に文明的な社会主義現代化強国になる。

第四、高度に調和した社会主義現代化強国になる。

第五、高度にグリーンな社会主義現代化強国になる。

第六、人類の発展に大きな貢献をする強国になる。

今世紀末までの大目標は、すなわち中華民族の偉大な復興という「中国の夢」の実現である。

偉大な中国共産党は、偉大な歴史的使命を背負っている。新中国から今日にかけての、工業化の開始から、独立して完成された工業体系と国民経済体系の構築まで、絶対的貧困脱却から衣食の問題の解決まで、「小康」水準から「小康社会」の全面的完成までである。そして、今日から今世紀末にかけての、共同富裕社会の全面的建設から社会主義現代化の実現まで、共同富裕から共同発達まで、高度な社会主義現代化の実現から中華民族の偉大な復興の最終的実現までである。


偉大な歴史的使命はまた、偉大な中国共産党を育てた。歴史、現実、そして未来が、中国共産党の歴史的使命は国家の使命であり、中国に対して社会主義現代化強国の実現という責任を負っていることを示している。中国共産党の歴史的使命は中国人民の歴史的使命であり、中国人民全体に対して社会主義の共同富裕の実現という責任を負っている。中国共産党の歴史的使命は中華民族の歴史的使命であり、中華民族に対して中華民族の偉大な復興の実現という責任を負っている。中国共産党の歴史的使命は人類の使命であり、人類に対して世界の平和と人類の発展に大きく貢献するという責任を負っている。これが中国共産党の「四大責任」「四大使命」「四大貢献」である。

歴史と未来、人と国家が、中国共産党を選択した。共産党なくして新中国はない。共産党なくして強大な中国はない。共産党なくして共同富裕の中国はない。共産党なくして高度に現代化した中国はない。共産党なくして中華民族の偉大な復興はない。

1　『毛沢東文集』第八巻、人民出版社、一九九九年、三〇二頁

付録一　中国の経済成長予測（二〇一五－二〇五〇年）

一、世界の経済成長モデルと中国の雇用、資本、ＴＦＰ予測

本文章では、Kohli, Szyf and Arnold（二〇一二）の世界の経済成長モデルに基づき、中国の二〇三〇年、二〇五〇年のＧＤＰ成長及び規模を予測し、同時に、米国及び世界のＧＤＰ規模との比較を行う。生産関数の規模の収益に変化がないと仮定する。すなわち、

$$GDP = TFP \times K^{\alpha} \times L^{1-\alpha} \quad （一）$$

ここでのＧＤＰは二〇一五年を基準とし、購買力平価に基づいて計算する。ＴＦＰは全要素生産性、Ｋは資本ストック、Ｌは総労働力である。中国国内の大多数の研究者の推計結果に基づき、ここでは資本の生産弾力性を〇・五五、労働力の生産弾力性を〇・四五と設定する。方程式（一）に基づき、ＴＦＰ、資本ストック、総労働力を推計すると、ＧＤＰ規模が求められる。

まず、二〇一五－二〇五〇年の中国の労働力の変化を予測する。世界の経済成長モデルにおいて、労

働参加率の予測は次の式によって行うことができる。

$$\ln P_t = a \times \ln P_{t-1} \quad （二）$$

P_tは第t年の労働参加率、P_{t-1}はt年の前年度の労働参加率、aは定数である。

本文章では、中国の総人口労働参加率の定義、すなわち、就業人口と総人口の比率を用いる。これは、生産年齢人口により算出する労働参加率とは異なるものであり、著者はいかに雇用が創出されるかということをより重視し、未来の労働参加率と総就業人口を主として推計した。

国家統計局が公表した総人口と総就業人口に基づき、一九九五－二〇一五年の中国の総人口就業率を算出した。結果は次のとおりである。この時期の中国の労働参加率の水準は、相当高く安定的、五六％の水準であり、世界において総人口の労働参加率が最も高い国であることが分かった。これは、中国経済の高度成長と関係があるのみならず、高い女性の労働参加率とも関係がある。二〇一四年の中国全国の女性の就業人口は、全社会就業人口の四五％にも達する。[1] 中国はこの比率が世界で最も高い国の一つである。

方程式（二）と国家衛生計画生育委員会が提供している中国人口データに基づき、著者は二〇一五－二〇五〇年の中国の総人口と労働参加率を推計した（表１参照）。二〇一五－二〇五〇年の中国の労働参加率は依然として比較的高い水準を保っており、五六％以上、すなわち、総人口の半分以上が就業しており、人的資源という優位性をより発揮している。

就業人口の規模は二〇三〇年にピークを迎え、約八・二六億人となる。その後減少に転じるが、二〇五〇年になっても七・九〇億人の水準を保っている。特に、労働参加率は引き続き高い水準で安定的に推移し、二〇五〇年には五六・九五％に達する。将来、中国の労働参加率が比較的高い水準を維持する原因は次のとおりである。第一に、女性の労働参加率が高いこと。第二に、中国の平均期待寿命が二〇二〇年には七七歳以上、二〇三〇年には更に七九歳に達し、定年延長政策を実施する条件が整うこと。第三に、民間企業のような非公的機関、個人事業主などの起業家または法人に対して、より柔軟性のある退職制度を実施することが可能であることである。

また、生産年齢人口の平均教育年数は上昇傾向を見せ、教育黒字、人的資源黒字を出し続ける。「第十三次五カ年計画」は、二〇二〇年までに生産年齢人口の平均教育年数を二〇一五年の一〇・二三年から一〇・八年に引き上げることを明確に打ち出した。高校段階の教育の普及に伴い、高等教育の粗入学率も上昇し続け、生涯教育を大いに発展し、二〇五〇年には中国の生産年齢人口の平均教育年数は一二・八年に達する見込みであり（表１参照）、二〇一四年の米国の一二・九年に匹敵する。[2]

資本ストックに関する推計を行う。資本ストックの増加は初期の資本ストック、年間投資率、減価償却によって求められ、以下のように定義できる。

$$K_{growth} = \frac{K_t}{K_{t-1}} - 1 = \frac{I_{t-1}}{K_{t-1}} - 0.06 \quad (三)$$

Ｋは資本ストック、〇・〇六は資本の年間の減価償却率六％を表し、I_{t-1}は前年の資本投資である。初期の資本ストックはKharas（二〇一〇）の方法を用いて計算し、以下の公式を用いる。

$$K_0 = \frac{I_0}{g+0.06} \quad (四)$$

K_0は初期の資本ストック、gは十年先までのGDPの平均成長、I_0は第一年の投資量である。（三）及び（四）の公式に従って二〇一五－二〇五〇年の中国の資本の年平均増加率を求める。まず、過去のデータから計算すると、二〇一五年の中国の資本ストックは五五〇七八二・四億ドルである。次に、二〇一五－二〇五〇年の中国の資本の年平均増加率を、高水準と中水準に分けて求める。結果は表2のとおりであり、二〇五〇年の中国の資本ストックは三七三三八二二・四億ドルに達し、二〇一五年の六・八倍となり、二〇一五－二〇五〇年の資本ストックの年平均増加率は五・六％となる。中国は長期にわたり相当高い貯蓄率を維持しているため、今後三十五年、五・六％の資本ストックの年平均増加率を維持するというのは理にかなっている。

表1　中国の労働参加率及び就業人口予測（2015-2050年）

年	総人口（億人）	労働参加率（%）	就業人口（億人）	生産年齢人口の平均教育年数（年）
2015	13.75	56.34	7.75	10.23
2020	14.17	56.70	8.03	10.8
2030	14.51	56.91	8.26	11.7
2040	14.25	56.94	8.11	12.4
2050	13.88	56.95	7.90	12.8

（出典）総人口のデータ：国家衛生計画生育委員会提供。

労働参加率、就業人口：著者による推計。

生産年齢人口の平均教育年数：2015、2020年は、「第十三次五カ年計画」、2030-2050年は著者による推計。

最後にＴＦＰを求める。Kharas（二〇一〇）の研究によれば、全ての国家のＴＦＰの年間成長率は一・三％のデフォルト値から始まる。Gill など（二〇〇七）、Jones（二〇〇二）、Kharas（二〇一〇）などの研究によると、国家の類型は四つに分類できる。第一類は先進国である。次に、一つの国家の平均所得が過去二十年間急速に伸びたならば、当該国家は先進国と同等の水準に向けて追い上げていると見なすことができ、これが第二類である。第三類は低所得国家、第四類は脆弱国家である。第二類の国家を先進経済体と比較すると、生産性水準は低く、追い上げのスピードは速い。ＴＦＰ成長の一般的な方程式は次のとおり。

TFPgrowth = 1.3% + CB - FP　（五）

ＣＢは第二類の国家の追い上げ成長に資するものであり、ＦＰは失敗などの生産性水準向上の阻害要素である。追い上げ性の成長の定義は次のとおり。

表2　中国の資本ストック予測（2015-2050年）

（PPP、2011年国際ドル）

年		資本の年平均増加率	資本ストック（億ドル）
2015			550782.4
2015-2020	高水準	10%	887040.6
	中水準	9.50%	867063.0
2020-2030	高水準	8.00%	1915054.0
	中水準	7.00%	1705644.1
2030-2040	高水準	6.00%	3429570.0
	中水準	5.00%	2778314.5
2040-2050	高水準	4.00%	5076601.5
	中水準	3.00%	3733822.4

（注）資本ストックはいずれも最後の一年の数値。

$$CB = c \times 2.33\% \times \ln\left(\frac{TFP_{USA,t-1}}{TFP_{i,t-1}}\right) \quad (六)$$

二・三三は追い上げ性変数であり、過去のデータから推計したものである。ｃは〇から一の間の値であり、発展速度の速い国であれば一、脆弱な状態の国であれば〇の値を取る。中国は急速に発展しているので、ｃの値は一とすることができる。中国は過去三十年余りの間、経済発展で大きな成功を収め、科学技術の進歩も非常に目覚ましいとはいえ、中国は今のところ、依然として最大の発展途上国の一つであり、米国の科学技術の発展とはまだ大きな差がある。したがって、我々は中国のＣＢの値は〇・三％前後であると考える。

失敗状態要素ＦＰの定義は次のとおり。

$$FP = f \times 1.8\% \quad (七)$$

ｆの性質はｃと似ており、脆弱国家のｆの値は一、先進国は〇となる。中国は第二類の国であり、我々は中国のｆの値は〇から〇・五の間であると考える。仮に値が六分の一だとすると、中国のＴＦＰの値は一・三％となる。二〇一五－二〇五〇年の期間、中国のＴＦＰの年平均成長率は一・三－一・五％の間となると見込まれる。

二、中国経済の長期的発展の趨勢（二〇一五－二〇五〇年）

中国の二〇一五－二〇五〇年のＧＤＰを予測する。高水準、中水準に分けたＧＤＰ及び一人当たりＧＤＰの年平均成長率の結果である（表3、表4参照）。中水準を最低ラインとし（全要素生産性（ＴＦＰ）成長率一・三％）、高水準を努力目標とした（ＴＦＰ成長率一・五％）。実際の結果は中水準を越える可能性があるばかりか、高水準をも越える可能性がある。これは、将来のＴＦＰの実際の成長率に依存する。

ここでは、中水準を基準とした計算結果に対して分析を行う（表5、表6参照）。

二〇一五－二〇五〇年の間、二〇一一年国際ドルに基づいて計算すると、中国のＧＤＰの年平均成長率は四・四二％であり、

表3　中国、米国、世界のGDP年平均成長率（2015-2050年）

単位：％

時期	中国	米国	世界
2015-2020	6.85-7.32	2.0	3.5
2020-2030	5.28-6.03	2.0	2.5
2030-2050	3.40-4.15	1.5	2.5

（注）1990-2015年の数字は世界銀行オープンデータより。2015-2050年の数字は世界経済モデルに基づく計算。表中、中国の数字の上限と下限はそれぞれ高水準と中水準の成長率を示す。

表4　中国、米国、世界の1人当たりGDP年平均成長率（2015-2050年）

単位：％

時期	中国	米国	世界
2015-2020	6.15-6.61	1.5	2.3
2020-2030	4.80-6.01	1.5	2.3
2030-2050	3.15-4.87	1.1	2.0

（注）1990-2015年の数字は世界銀行オープンデータより。2015-2050年の数字は世界経済モデルに基づく計算。表中、中国の数字の上限と下限はそれぞれ高水準と中水準の成長率を示す。

表5　中国、米国、世界のGDP（2015-2050年）（中水準）

（PPP、2011年国際ドル）

年	中国（億ドル）	米国（億ドル）	世界（億ドル）	中国／米国（%）	中国／世界（%）
2015	186097.7	169401.2	1077980	109.86	17.26
2020	259187.3	187032.6	1280302.1	138.58	20.24
2030	433583.2	227991.7	1687499.3	190.17	25.69
2040	639960.0	264593.7	2224204.7	241.87	28.77
2050	845962.7	307071.8	2931608	275.49	28.86
2015-2030年平均成長	5.8	2.00	3.03		
2030-2050年平均成長	3.4	1.50	2.80		
2015-2050年平均成長	4.42	1.71	2.90		
2015-2030年貢献率	40.6	9.61			
2030-2050年貢献率	33.1	6.36			
2015-2050年貢献率	35.6	7.43			

（注）米国の2030年までのGDP年平均成長率が2.0%、2030-2050年の期間1.5%を維持すると仮定。世界の2020年までの年平均成長率が3.5%、2020年以後は2.5%と仮定。

表6　中国、米国、世界の1人当たりGDP（2015-2050年）（中水準）

（PPP、2011年国際ドル）

年	中国（億ドル）	米国（億ドル）	世界（億ドル）	中国／米国（%）	中国／世界（%）
2015	13571.7	52704.2	14673.1	25.75	92.49
2020	18291.3	57057.6	16439.9	32.06	111.26
2030	29881.7	66873	20637.5	44.68	144.79
2040	44909.5	76093.1	25157	59.02	178.52
2050	60948.3	86584.4	30666.2	70.39	198.75
2015-2030年平均成長	5.40	1.60	2.30		
2030-2050年平均成長	3.63	1.30	2.00		
2015-2050年平均成長	4.38	1.43	2.13		

（注）米国の2030年までの1人当たりGDP年平均成長率は1.5%、2030-2050年1.1%に減少。世界の2030年までの1人当たりGDP年平均成長率は1990-2015年の平均水準2.30%を維持、2030-2050年は2.0%に減少。

世界平均（二・九〇％）を一・五二ポイント、米国（一・七一％）を二・七一ポイント上回っているが、一九九〇－二〇一五年の成長幅（それぞれ九・九六％、二・四五％）と比べると明らかに低くなっている。中国の一人当たりＧＤＰの年平均成長率は四・三八％であり、世界平均（二・一三％）を二・二五ポイント、米国（一・四三％）を二・九五ポイント上回っているが、やはり一九九〇－二〇一五年の幅（それぞれ九・一三％、一・四二％）と比べると明らかに低くなっている。

これは、将来の中国が「中高速成長」の段階に入り、ＧＤＰの年平均成長率が五・八％前後となり、二〇三〇年の後、安定成長の段階に入り、ＧＤＰの年平均成長率は三・四％前後となることを示している。中国の一人当たりＧＤＰの米国との相対的な差は縮小し続け、追い上げの効果は必然的に減少し、一人当たりＧＤＰの成長速度の下落という形で直接的に表れるが、米国に対する追い上げ係数は大幅に上昇することになる。経済構造の視点から見ると、工業主導型の経済からサービス主導型の経済へ転換し、それが経済全体の成長率を一定程度下げるが、経済の安定性と成熟性はますます高くなる。

今から二〇五〇年まで、以下の三つの重要な節目がある。

第一に、二〇二〇年までに、中国のＧＤＰ規模は二五・九二兆ドルに達し、世界の割合の二〇・二四％を占める。中国の一人当たりＧＤＰは一八二九一ドルに達し、世界の平均水準の一一一％、米国の平均水準の三二％に相当する。

第二に、二〇三〇年までに、中国のＧＤＰ規模は四三・三六兆ドルに達し、世界の割合の二五・六九％を占める。中国の一人当たりＧＤＰは二九八八二ドルに達し、世界の平均水準の一五九％、米国の平均水準の四九％に相当する。

表7　中国、米国、世界のGDP（2015-2050年）（高水準）

（PPP、2011年国際ドル）

年	中国（億ドル）	米国（億ドル）	世界（億ドル）	中国／米国（%）	中国／世界（%）
2015	186097.7	169401.2	1077980	109.86	17.26
2020	264938	187032.6	1280302.1	141.65	20.69
2030	475808.2	227991.7	1687499.3	208.70	28.20
2040	754619.9	264593.7	2224204.7	285.20	33.93
2050	1072722.4	307071.8	2931608	349.34	36.59
2015-2030年平均成長	6.46	2.00	3.03		
2030-2050年平均成長	4.15	1.50	2.80		
2015-2050年平均成長	5.13	1.71	2.90		
2015-2030年貢献率	47.53	9.61			
2030-2050年貢献率	47.98	6.36			
2015-2050年貢献率	47.83	7.43			

表8　中国、米国、世界の1人当たりGDP（2015-2050年）（高水準）

（PPP、2011年国際ドル）

年	中国（億ドル）	米国（億ドル）	世界（億ドル）	中国／米国（%）	中国／世界（%）
2015	13571.7	52704.2	14673.1	25.75	92.49
2020	18697.1	57057.6	16439.9	32.77	113.73
2030	32791.7	66873	20637.5	49.04	158.89
2040	52955.8	76093.1	25157	69.59	210.50
2050	77285.5	86584.4	30666.2	89.26	252.02
2015-2030年平均成長	6.06	1.60	2.30		
2030-2050年平均成長	4.38	1.30	2.00		
2015-2050年平均成長	5.10	1.43	2.13		

第三に、二〇五〇年までに、中国のＧＤＰ規模は八四・六〇兆ドルに達し、世界の割合の二八・八六％を占める。中国の一人当たりＧＤＰは六〇九四八ドルに達し、世界の平均水準の一九九％、米国の平均水準の七〇％に相当し、中位先進国の水準に達したと見なすことができる。

高水準の予測（表7、表8参照）によると、二〇四〇年、中国のＧＤＰは米国の二・八倍に相当し、中国のＧＤＰが世界に占める割合は三分の一に達する。二〇五〇年、中国のＧＤＰは米国の三・五倍に相当する。中国のＧＤＰが世界に占める割合は三分の一であり、比較的安定している。二〇四〇年、中国の一人当たりＧＤＰは米国の平均水準の七〇％前後、二〇五〇年には八〇％以上に達する。

1　国務院新聞弁公室『発展権：中国の理念、実践と貢献』白書、二〇一六年十二月

2　国連開発計画「人間開発報告書二〇一五」表一、国連開発計画刊行、二〇一五年

表1　全国及び各地域の人間開発指数（1982-2030年）

地区	1982年	1990年	2000年	2010年	2015年	2020年	2030年
全国	0.344	0.499	0.603	0.718	0.762	0.794	0.861
北京	0.506	0.641	0.727	0.844	0.884	0.910	0.948
天津	0.477	0.597	0.711	0.815	0.855	0.878	0.911
河北	0.339	0.495	0.619	0.716	0.747	0.772	0.810
山西	0.335	0.486	0.584	0.715	0.743	0.770	0.815
内モンゴル	0.326	0.489	0.578	0.743	0.781	0.804	0.844
遼寧	0.427	0.566	0.649	0.759	0.805	0.834	0.871
吉林	0.349	0.515	0.627	0.736	0.775	0.803	0.839
黒竜江	0.333	0.492	0.617	0.724	0.761	0.792	0.833
上海	0.542	0.653	0.739	0.833	0.872	0.894	0.926
江蘇	0.355	0.516	0.643	0.768	0.814	0.855	0.899
浙江	0.366	0.527	0.655	0.764	0.802	0.829	0.871
安徽	0.286	0.458	0.564	0.685	0.736	0.771	0.817
福建	0.307	0.493	0.627	0.739	0.782	0.815	0.859
江西	0.295	0.453	0.553	0.689	0.737	0.769	0.811
山東	0.343	0.515	0.625	0.748	0.790	0.822	0.864
河南	0.288	0.470	0.580	0.705	0.744	0.776	0.817
湖北	0.256	0.451	0.583	0.721	0.777	0.820	0.872
湖南	0.297	0.459	0.574	0.706	0.754	0.787	0.832
広東	0.362	0.549	0.647	0.758	0.795	0.825	0.870
広西	0.286	0.457	0.563	0.683	0.728	0.759	0.802
海南	-	0.503	0.600	0.707	0.750	0.782	0.834
重慶	-	-	0.596	0.713	0.762	0.798	0.846
四川	0.284	0.453	0.558	0.682	0.730	0.762	0.807
貴州	0.218	0.392	0.483	0.618	0.681	0.722	0.775
雲南	0.245	0.425	0.531	0.628	0.678	0.715	0.765
チベット	0.206	0.329	0.466	0.590	0.626	0.666	0.720
陝西	0.298	0.473	0.571	0.720	0.770	0.807	0.857
甘粛	0.296	0.444	0.525	0.651	0.695	0.728	0.776
青海	0.288	0.438	0.515	0.658	0.698	0.731	0.780
寧夏	0.317	0.473	0.561	0.698	0.739	0.773	0.824
新疆	0.317	0.483	0.591	0.691	0.724	0.753	0.798
差異係数(%)	22.85	13.22	10.42	8.26	7.59	6.98	6.22

（注）本表の人間開発指数は、国連開発計画が2010年に公表した新しい計算方法に基づく。
1990-2015年の全国の数字：国連開発計画「人間開発報告書2016」、表2
2020、2025、2030年の数字は著者による推計。
計算数値の出典：第三次、第四次、第五次、第六次「全国人口普査（国勢調査）」の関連数値、歴年の「中国統計年鑑」及び中国教育統計データの数字。

表2　全国及び各地域の人口の平均期待寿命（1982-2030年）　単位：歳

地区	1982年	1990年	2000年	2010年	2015年	2020年	2030年
全国	65.7	68.6	71.4	74.8	76.3	77.3*	79.0*
北京	70.6	72.9	76.1	80.2	82.0	82.4*	83.6
天津	70.1	72.3	74.9	78.9	81.3	81.9*	82.7*
河北	68.2	70.4	72.5	75.0	76.0	77.0*	79.0*
山西	66.3	69.0	71.7	74.9	74.9	75.9*	79.0*
内モンゴル	61.5	65.7	69.9	74.4	75.8	75.5	76.8
遼寧	67.1	70.2	73.3	76.4	78.9	79.9*	80.5*
吉林	62.8	68.0	73.1	76.2	77.8	79.0*	80.0*
黒竜江	61.6	67.0	72.4	76.0	76.6	77.9	79.6*
上海	71.7	74.9	78.1	80.3	82.8	83.2*	84.0*
江蘇	68.8	71.4	73.9	76.6	77.5	79.8*	80.5*
浙江	68.9	71.8	74.7	77.7	78.2	78.5*	79.6
安徽	67.1	69.5	71.9	75.1	76.0	77.1	78.6
福建	64.6	68.6	72.6	75.8	77.0	78.0*	79.4
江西	63.3	66.1	69.0	74.3	76.0	77.0*	78.5
山東	67.2	70.6	73.9	76.5	78.0	79.0*	80.3
河南	68.8	70.2	71.5	74.6	75.6	77.3*	79.1
湖北	63.4	67.3	71.1	74.9	76.2	78.0*	79.7
湖南	63.2	66.9	70.7	74.7	75.9	77.0	78.5
広東	71.8	72.5	73.3	76.5	77.1	77.8*	79.8
広西	66.2	68.7	71.3	75.1	76.0	77.0*	78.7
海南		70.0	72.9	76.3	77.3	78.5*	82.0*
重慶			71.7	75.7	76.7	78.0*	80.0*
四川	61.5	66.3	71.2	74.8	76.4	77.3*	79.0*
貴州	62.6	64.3	66.0	71.1	72.4	73.5*	75.3
雲南	61.5	63.5	65.5	68.0	70.5	72.0	74.1
チベット	54.9	59.6	64.4	68.1	68.2	70.0*	72.4
陝西	64.7	67.4	70.1	74.7	75.7	76.7*	78.5
甘粛	67.0	67.2	67.5	72.2	73.3	74.0*	76.0*
青海	55.1	60.6	66.0	70.0	72.0	73.6	76.5*
寧夏	63.7	66.9	70.2	73.4	74.3	76.0*	79.0*
新疆	57.8	62.6	67.4	72.4	72.4	73.5	76.3
差異係数(%)	6.68	5.17	4.39	3.61	3.97	3.66	3.12

（出典）1982-2000年：国家統計局のデータ。
2010年：第六次「全国人口普査（国勢調査）」の数値表に基づき計算。
2015年の数字の一部：24省・市・自治区の「第十三次五カ年計画」「衛生健康計画」などを参照。
2020、2025、2030年の数字：著者による推計。表中、*は各地方の所期の目標。

表3　全国及び各地域の人口の平均教育年数（1982-2030年）

単位：年

地区	1982年	1990年	2000年	2010年	2015年	2020年	2030年
全国	5.4	6.5	8.1	9.1	9.5	10.1	10.8
北京	8.0	9.1	10.5	11.5	12.4	13.1	14.2
天津	7.3	8.3	9.4	10.3	10.9	11.4	12.2
河北	5.6	6.5	8.2	9.1	9.5	10.0	10.6
山西	6.1	7.2	8.6	9.5	10.1	10.6	11.4
内モンゴル	5.6	6.8	8.2	9.2	9.7	10.3	11.1
遼寧	6.9	7.8	8.8	9.6	10.2	10.6	11.3
吉林	6.5	7.5	8.7	9.5	9.7	10.1	10.7
黒竜江	6.4	7.5	8.7	9.3	9.7	10.1	10.6
上海	7.8	8.6	9.7	10.6	11.2	11.8	12.6
江蘇	5.3	6.6	8.3	9.3	9.8	10.4	11.2
浙江	5.3	6.3	7.9	8.8	9.3	9.8	10.6
安徽	4.2	5.3	7.4	8.3	9.2	9.9	10.8
福建	4.9	6.1	7.9	9.0	9.3	9.7	10.4
江西	5.2	6.2	8.1	8.9	9.4	9.9	10.6
山東	5.0	6.4	8.0	9.0	9.4	10.0	10.7
河南	5.1	6.5	8.3	9.0	9.4	9.8	10.3
湖北	5.6	6.6	8.3	9.2	9.7	10.2	11.0
湖南	5.9	6.7	8.3	9.2	9.8	10.4	11.2
広東	6.0	7.0	8.6	9.5	9.9	10.4	11.1
広西	5.8	6.6	8.1	8.8	9.2	9.6	10.2
海南		6.9	8.2	9.2	9.7	10.2	11.0
重慶			7.6	8.8	9.3	10.0	10.9
四川	5.1	6.1	7.5	8.4	8.8	9.3	10.0
貴州	4.0	4.9	6.5	7.8	8.2	8.8	9.7
雲南	3.8	4.8	6.7	7.8	8.4	9.0	9.9
チベット	1.9	2.3	3.9	5.6	5.5	6.1	7.0
陝西	5.5	6.5	8.3	9.3	10.0	10.6	11.5
甘粛	4.2	5.2	7.0	8.2	8.8	9.5	10.5
青海	4.4	5.3	6.6	7.9	7.9	8.3	9.0
寧夏	4.7	5.9	7.7	8.8	9.4	10.0	10.9
新疆	5.6	7.0	8.4	9.2	9.6	10.1	10.7
差異係数(%)	22.65	19.43	13.89	10.83	11.62	11.08	10.49

（出典）15歳以上の人口の平均教育年数：歴年の「全国人口普査（国勢調査）」の数字、「中国統計年鑑2016」

2020-2030年の数字：著者による推計。

表4　全国及び各地域の一人当たりGNI（1982-2030年）

単位：2011年国際ドル

地区	1982年	1990年	2000年	2010年	2015年	2020年	2030年
全国	439	1531	3656	9485	13404	16539	21633
北京	1403	4495	11106	22689	28554	33246	40871
天津	1225	3210	7988	22424	28946	34164	42643
河北	390	1349	3527	8807	10793	12382	14964
山西	454	1407	2634	8074	9362	10393	12067
内モンゴル	395	1361	2993	14545	19063	22678	28552
遼寧	728	2484	5168	13011	17523	21132	26996
吉林	443	1607	3384	9707	13697	16889	22076
黒竜江	627	1867	3818	8318	10580	12390	15332
上海	2369	5441	13831	23370	27829	31397	37194
江蘇	531	1941	5419	16232	23593	29481	39050
浙江	493	1968	6196	15886	20818	24763	31175
安徽	309	1088	2284	6417	9651	12239	16444
福建	376	1646	5153	12296	18223	22964	30670
江西	332	1044	2233	6529	9846	12500	16813
山東	437	1671	4398	12628	17205	20866	26816
河南	291	1004	2531	7510	10489	12873	16747
湖北	417	1432	2897	8573	13581	17588	24099
湖南	354	1130	2497	7594	11463	14559	19589
広東	521	2287	5863	13743	18099	21583	27246
広西	291	981	2141	6211	9435	12014	16205
海南	420	1471	3173	7321	10944	13843	18553
重慶	321	1087	2888	8477	14028	18469	25685
四川	312	1046	2281	6507	9860	12542	16901
貴州	229	746	1270	4030	8003	11181	16345
雲南	279	1127	2196	4839	7723	10031	13781
チベット	448	1175	2105	5320	8579	11187	15424
陝西	317	1145	2094	8335	12769	16317	22081
甘粛	324	1012	1901	4950	7015	8668	11353
青海	422	1434	2365	7408	11060	13982	18730
寧夏	386	1282	2475	8251	11745	14540	19081
新疆	402	1577	3439	7690	10734	13169	17127
差異係数(%)	79.68	59.18	68.67	50.56	43.19	40.23	37.64

（注）一人当たりGDPは購買力平価、2011年国際ドルを採用。中国のデータの出典は以下のとおり。
http://data.worldbank.org/indicator/NY.GDP.PCAP.PP.KD?locations=CN
各地域の計算数値の出典：1982-2015年は歴年の「中国統計年鑑」、世界銀行オープンデータ（2017年6月1日更新）。2020-2030年は推計。

表5　全国各地域の人間開発水準の変遷（1982-2030年）

年	1982年	1990年	2000年	2010年
1982	滬、京、津、遼、浙、粤、蘇、吉、鲁、冀、晋、黒、蒙、寧、新、閩、陜、湘、甘、贛、豫、青、桂、皖、川、鄂、滇、黔、藏			
1990	粤、浙、蘇、鲁、吉、琼、冀、閩、黒、蒙、晋、新、陜、寧、豫、湘、皖、桂、川、贛、鄂、甘、青、滇、黔、藏	滬、京、津、遼		
2000	滇、甘、青、黔、藏	浙、遼、粤、蘇、閩、吉、鲁、冀、黒、琼、渝、新、晋、鄂、豫、蒙、湘、陜、皖、桂、寧、川、贛	滬、京、津	
2010		寧、新、贛、皖、桂、川、青、甘、滇、黔、藏	蘇、浙、遼、粤、鲁、蒙、閩、吉、黒、鄂、陜、冀、晋、渝、琼、湘、豫	京、滬、津
2015		青、甘、黔、滇、藏	粤、鲁、閩、蒙、鄂、吉、陜、渝、黒、湘、琼、冀、豫、晋、寧、贛、皖、川、桂、新	京、滬、津、蘇、遼、浙
2020		藏	渝、黒、湘、琼、豫、寧、冀、皖、晋、贛、川、桂、新、青、甘、黔、滇	京、滬、津、蘇、遼、浙、粤、鲁、鄂、閩、陜、蒙、吉
2030			新、青、甘、黔、滇、藏	京、滬、津、蘇、鄂、浙、遼、粤、鲁、閩、陜、渝、蒙、吉、琼、黒、湘、寧、皖、豫、晋、贛、冀、川、桂

（注）各組合せのうち、地域の並びはHDI順。数値は著者が国連開発計画の新しいHDI計算方法に基づいて推定。表1の数値に基づいて整理。

あとがき[1]

三十年前、私がまだ中国科学院自動化研究所の博士課程で学んでいた頃、周立三学部委員主宰の中国科学院国情研究分析グループに参加し、中国の国情研究と中長期発展戦略研究に従事した。

一九八七年、第十三回党大会が開かれ、中国国民経済建設の「三つのステップ」構想が初めて打ち出された。第一歩は、GNPを一九八〇年の二倍にし、人民の衣食の問題を解決することである。第二歩は、二十世紀末までに、GNPを更に倍増させ、人民の生活を「小康」水準に到達させることである。第三歩は、二十一世紀末半ばまでに、一人当たりGNPで中位先進国の水準に到達し、人民の生活は比較的裕福となり、現代化を基本的に実現し、更にその基礎の上で引き続き前進することである。[2]

鄧小平同志は中国の改革開放の総設計師であり、更には中国の社会主義現代化の総設計師であり、[3]一貫して未来、世界、現代化に目を向けていた。彼は中国指導者の中で初めて「世界公民」となった。[4]

当時、私は極めて重要な影響を受けた。私はかつて国情研究所において、中国の工業化及び現代化の歴史的変遷と、歩んできた現代的経済の発展過程の研究を試みた。私は中国の発展を、現代化の「持久戦」と位置付け、以下の三つの段階に分けた。第一は、現代的経済発展の準備段階（一九五〇－一九八〇）、または経済離陸のための充電段階というべき段階である。

第二は、現代的経済の高度成長の段階（一九八〇－二〇二〇）である。低所得水準から中水準への過渡期であり、工業化の進展は加速し、経済規模は急速に拡大し、経済構造ははっきりとした変化を見せ、社会には深い変革が起こり、体制観念には大きな変化が起こり、対外開放の新局面は更に形成され、世界経済とのつながりはより密接になる。現代的経済の離陸段階であり、中華民族全体の振興と勃興の正念場である。

第三は、現代的経済の安定成長の段階（二〇二〇－二〇五〇）である。国民経済の総生産は四％から五％の速度で安定的に成長する。[5] 当時はまだ想像できなかったが、中国は世界の先進国の列に加わることができる。

その後、私は中国の中長期的経済発展の足跡を途切れることなく追い続け、二〇二〇年の中国について研究し続け、『二〇二〇中国：全面建設小康社会（二〇二〇年の中国：小康社会の全面的建設）』（清華大学出版社、二〇〇七年）、『二〇二〇中国：全面建成小康社会（二〇二〇年の中国：小康社会の全面的完成）』（清華大学出版社、二〇一二年）、『決勝百年目標（百周年目標の決勝戦）』（浙江人民出版社、二〇一三年）といった多くの著作を出版した。二〇一一年、我々は初めて二〇三〇年の中国研究を行い、鄢一龍氏、魏星氏と共に『二〇三〇中国：邁向共同富裕（二〇三〇年の中国：共同富裕への邁進）』（中国人民大学出版社、二〇一一年）を執筆した。実質的には二〇三〇年の世界についても先見性を持って研究し、南側国家の「大発展」、南北国家の「大同化」、南北構造の「大逆転」、世界協治の「大変革」を初めて明らかにし、世界人民共同で共に繁栄する「大同世界」を築き上げようという革新的な提言を行ったのである！

博士課程で学んでいた当時の私も、自分が三十年後に清華大学国情研究院を率いて初の二〇五〇年の中国研究を行うとは、想像もできなかった。鄧小平は我々に非常に重要な政治的財産を残してくれた。彼は「三つのステップ」構想について、外国の賓客にこう述べたことがある。「もし我々の一人当たりGNPが四千ドルに達し、かつ共同富裕であるなら、その頃には社会主義制度が資本主義制度よりも優れていることをよりはっきり示すことができ、世界の四分の一の人口に対して奮闘すべき方向を指し示し、マルクス主義の正しさを更に証明することができる」[6]。

後代の人間として、我々は偉人の書籍を学び、偉人と交流し、偉人の偉大な予言を検証し続けている。実際、中国の発展の成果は、すでに鄧小平同志の当時の想定（一人当たりGNP四千ドル）を超えているが、共同富裕の構想はまだ実現できておらず、これが中国の発展の次なる核心的目標となるだろう。

ここでは、我々は将来の中国の発展の趨勢に対し、二つの相互補完的な分析方法を用いた。一つは戦略的に予見し、発展の大勢を洞察し、発展の方向を明確にし、発展の目標を定め、発展の計画を確立することである。もう一つは、専門的予測を行い、戦略的予見に定量分析を提供することである。予測を欠いた予見は、単なる空っぽの予見でしかなく、予見を欠いた予測は、単なる無味乾燥な数字でしかない。戦略的予見は国家統治の道であり、未来予測は国家統治の技である。これに対し、我々は改めて大胆な試みを行ったのである。

二〇一七年、中国最大の政治的出来事は第十九回党大会の開催であった。二〇一六年から、我々は二〇五〇年の中国研究に着手し、多くの「国情報告」と学術文章を発表した。より専門的かつ全面的な視点から、二〇五〇年に向かう中国の発展の大趨勢を分析し、先見性を持って、二〇五〇年に社会主義現代化を全面的に実現するという大目標と戦略的計画を提案した。

その基礎の上で、『二〇五〇中国：全面実現社会主義現代化（二〇五〇年の中国：社会主義現代化の全面的実現）』を執筆し、第十三回党大会の報告で打ち出された二〇五〇年目標（全六十字）を九万字余りの壮大な青写真とロードマップの「シンクタンク版」に書き上げ、中央の政策決定の参考に供した。

第十九回党大会後、我々は二回目の詳細な研究、系統的な分析を行い、同大会の報告の核心的観点と戦略的施策を十分に吸収した。特に、二〇二〇年から今世紀半ばまでを二段階の戦略的計画に分け、元の計画から十五年前倒して二〇三五年に社会主義現代化を基本的に実現できるのか、二〇五〇年に富強、民主、文明、調和、美の社会主義現代化強国の全面的完成などの重要な戦略的目標を実現できるのかについて、大胆な長期的展望と定量的な趨勢分析を行い、「二つ目の百周年奮闘目標」の実現と現代化の全体的布石及び戦略的布石についてより全面的に理解し、突っ込んだ思考を行った。

清華大学国情研究院は大学シンクタンクとして、我々の理念は「国家の急務を急務とし、国家の考えについて考え、国家に先回りして考える」であり、位置付けは国家発展の展望者となり、より高い位置に立ち、より遠くを見つめ、より深く考え、先見性を持って二〇五〇年の中国を研究することである。

この研究はそれ自体が挑戦に満ちた課題であり、将来の発展の趨勢と発展の大局に対して、予測可能な要素もあれば、それよりも多くの予測不可能な要素もある。壮大な目標が必要であれば、留保も必要である。好機をつかむ必要があれば、課題に対応する必要もある。全体を考える必要があれば、主従を見分ける必要もある。満々の自信が必要であれば、憂国の意識も必要である。

本書は全体を「二〇五〇年の中国」という主題に沿って編み、展開している。革新的な点として以下のいくつかの点が挙げられる。

第一に、中国の社会主義現代化の道の要素と優位性について踏み込んだ分析を行った。例えば、五大要素（現代化要素、社会主義要素、中国文化要素、グリーン生態環境要素、党の指導）と五大優位性（後発優位性、社会主義の優位性、中国文化の優位性、グリーンな生態環境の優位性、中国共産党の指導の優位性）である。七十年近くの社会主義現代化の歴史的過程を分析、総括し、十大転換にまとめ、量的変化から部分的な質的変化、更に量的変化から質的変化を示した。

第二に、中国の社会主義現代化の発展目的と基本的論理、すなわち、「経済建設中心」から「人民中心」への変化と飛躍、「物質的現代化」から「人間の現代化」への変化と飛躍、「経済の現代化」から「全面的現代化」への変化と飛躍、「発展は絶対的道理」から「六大発展」への変化と飛躍を探究し、総括した。そして、「人民中心」の発展の趣旨と、「人間の全面的発展による社会の全面的進歩」という発展思想をより体現した。

第三に、社会主義初級段階の根本的根拠を踏み込んで理解し、前半と後半に分けると同時に、相互に若干関連する発展段階として区別し、中国の社会主義現代化の歴史の論理と未来の趨勢を反映した。新時代に入った中国の特色ある社会主義の五つの基本的特徴について、歴史及び趨勢の分析を行った。新時代の社会の主要な矛盾の変化の四つの突出した面について踏み込んだ研究を行い、発展理念、発展目標、発展局面、発展戦略、発展計画に重要な影響を与えた。

第四に、第十九回党大会の報告と「二段階」の戦略的計画に基づき、二〇三五年の社会主義現代化の基本的実現における大目標と個別目標について、比較的詳細に展望した。また、創造性を持って、二〇五〇年の中国の社会主義現代化の全面的実現における大目標と六つの主要な目標を提示した。

第五に、第十九回党大会の報告に基づき、社会主義現代化強国の全面的建設に対し、経済、政治、文化、社会、エコ文明、国防建設の「六位一体」の全体的布石から、突っ込んだ探究と政策提言を行った。

第六に、先見性を持って中国の特色ある社会主義現代化の世界に対する影響と役割について分析し、四大趨勢（「大発展」「大同化」「大逆転」「大変革」）や、人類の発展に対する五大貢献（経済発展における貢献、科学技術革新における貢献、グリーン生態環境における貢献、文化・文明における貢献、発展知識における貢献）を含め、世界人民共同で共に繁栄する「大同世界」を築き上げようという一歩進んだ提言を行った

第七に、一歩進んで「三つ目の百周年目標」、すなわち、二〇七八年までの高度に発達した民主、文明、調和、美の社会主義現代化強国の全面的完成について展望し、中国共産党が担う四大歴史的使命を高く評価した。

総じて、本書は清華大学国情研究院の「集大成」であり、「丹精込めた作品」である。我々の現代中国研究の知力革新と、将来の中国の発展に対する予見と予測を反映している。本書は胡鞍鋼、鄢一龍、唐嘯が執筆し、劉生龍が中国経済成長の趨勢（二〇一五－二〇五〇）（付録一参照）を計算、予測し、王洪川が中国のＨＤＩの趨勢（二〇一五－二〇五〇）を計算、予測し、石智丹が中国全国三十一の省・市・区のＨＤＩ（一九八二－二〇三〇）（付録二参照）を計算した。本書は、清華大学国情研究院の多くの重要な研究成果を吸収し、教員、ポストドクター、博士課程及び修士課程の院生の各位から修正意見を頂いた。

三十年後を想像するに、私自身がこの目標の実現を検証することは難しいであろう。そこで、我々は

ベテラン、中堅、若手からなる研究グループを組んだ。引き続き研究を続け、時代と共に進み、革新し続け、「二つ目の百周年目標」の実現のため、政策決定と知識面での貢献をしなければならない！

二〇一七年十二月　清華大学にて
胡鞍鋼

1 この文章は『二〇五〇年の中国』のあとがきであり、二〇一七年十二月二十三日に書いたもの。
2 趙紫陽「中国の特色ある社会主義の道に沿って前進しよう―中国共産党第十三回全国代表大会における報告」一九八七年十月二十五日
3 第十四回党大会の報告は、鄧小平を「我が国社会主義の改革開放と現代化建設の総設計師」と称した。江沢民「改革開放と現代化建設の歩みを加速し、中国の特色ある社会主義事業の更なる勝利を勝ち取ろう―中国共産党第十四回全国代表大会における報告」（一九九二年十月十二日）
4 一九八四年十二月、鄧小平は英語版『鄧小平文選』（英国ペルガモン・プレス、一九九四年）に寄せた序言の中で、「中華民族の一員として、世界公民になった」と述べた。『鄧小平年譜（一九七五－一九九七）』下巻、中央文献出版社、二〇〇四年、一〇一七頁
5 胡鞍鋼『中国：二十一世紀に向けて』中国環境出版社、一九九一年
6 『鄧小平文選』第三巻、人民出版社、一九五－一九六頁

■著者　**胡 鞍鋼**（こ あんこう）

1953年生まれ。清華大学公共管理学院教授、同大学国情研究院院長。中国共産党第18回党大会代表。国家「第11次五カ年計画」「第12次五カ年計画」「第13次五カ年計画」専門家委員会委員、中国経済50人フォーラムメンバー。
自身が主導し創設した清華大学国情研究院は、国内一流の国家政策決定シンクタンクである。国情研究に従事して30年来、出版した国情研究に関する専門書・共同著書・編著・外国語著書は100以上に及ぶ。
邦訳に『中国のグリーン・ニューディール』、『SUPERCHINA ～超大国中国の未来予測～』、『中国の百年目標を実現する第13次五カ年計画』、『習近平政権の新理念—人民を中心とする発展ビジョン』『中国集団指導体制の「核心」と「七つのメカニズム」—習近平政権からの新たな展開』『中国政治経済史論—毛沢東時代（1949～1976）』（以上、日本僑報社）などがある。
中国国家自然科学基金委員会傑出青年基金の援助を獲得する。中国科学院科学技術進歩賞一等賞（2回受賞）、第9回孫冶方経済科学論文賞、復旦管理学傑出貢献賞などを受賞。

鄢 一龍（えん いちりゅう）

清華大学国情研究院副院長、副研究員、公共管理学院副教授。

唐　嘯（とう しょう）

清華大学国情研究院准研究員、公共管理学院准教授。

劉 生龍（りゅう せいりゅう）

清華大学国情研究院副研究員、公共管理学院副教授。

■訳者　**段 景子**（だん けいこ）

1989年北京から来日。1996年より日本僑報社創立に参加。テンプル大学日本キャンパス、日本女子大学の教員などを経て、2004年より日本僑報社取締役。2008年より日中翻訳学院事務局長。2012年に日中著作権代理センターを設立するなど、日中両国の出版界交流の促進に尽力する。高知県立大学大学院にて博士（社会福祉学）学位を取得。立教大学共生社会研究センター研究員、中国・開澤弁護士事務所日中著作権センター高級顧問、豊島区多文化共生推進基本方針策定検討委員会委員などを兼任。

2050年の中国 習近平政権が描く超大国100年の設計図

2018年10月29日　初版第1刷発行

著　者　胡 鞍鋼（こ あんこう）、鄢 一龍（えん いちりゅう）、
　　　　唐　嘯（とう しょう）、劉 生龍（りゅう せいりゅう）

訳　者　段 景子（だん けいこ）

発行者　段 景子

発売所　日本僑報社
〒171-0021 東京都豊島区西池袋3-17-15
TEL03-5956-2808　FAX03-5956-2809
info@duan.jp
http://jp.duan.jp
中国研究書店 http://duan.jp

Printed in Japan.　ISBN 978-4-86185-254-1

日本僑報社好評既刊書籍

訪日中国人から見た中国と日本
インバウンドのあり方

張兵 著

訪日外国人旅行者の四分の一を占める中国人の目から見た日本の姿とは？ 豊富な資料と図表を用いてわかりやすくコンパクトにまとめており、訪日外国人旅行者を知るための入門書として利用できる。

A5判 140頁 並製 定価2600円＋税
2016年刊 ISBN 978-4-86185-219-0

二階俊博 ―全身政治家―

石川好 著

日本のみならず、お隣の大国・中国でも極めて高い評価を受けているという二階俊博氏。
その「全身政治家」の本質と人となり、「伝説」となった評価について鋭く迫る、最新版の本格評伝。

四六判 312頁 上製 定価2200円＋税
2017年刊 ISBN 978-4-86185-251-0

対中外交の蹉跌
―上海と日本人外交官―

2018年3月 第二刷発行

片山和之 著

彼らはなぜ軍部の横暴を防げなかったのか？現代の日中関係に投げかける教訓と視座。大きく変容する上海、そして中国と日本はいかなる関係を構築すべきか？対中外交の限界と挫折も語る。

四六判 336頁 上製 定価3600円＋税
2017年刊 ISBN 978-4-86185-241-1

同じ漢字で意味が違う

日本語と中国語の落し穴
用例で身につく「日中同字異義語100」

久佐賀義光 著
王達 中国語監修

"同字異義語" を楽しく解説した人気コラムが書籍化！中国語学習者だけでなく一般の方にも。漢字への理解が深まり話題も豊富に。

四六判 252頁 並製 定価1900円＋税
2015年刊 ISBN 978-4-86185-177-3

日本の「仕事の鬼」と中国の〈酒鬼〉
漢字を介してみる日本と中国の文化

冨田昌宏 編著

鄧小平訪日で通訳を務めたベテラン外交官の新著。ビジネスで、旅行で、宴会で、中国人もあっと言わせる漢字文化の知識を集中講義！
日本図書館協会選定図書

四六判 192頁 並製 定価1800円＋税
2014年刊 ISBN 978-4-86185-165-0

日中中日 翻訳必携
翻訳の達人が軽妙に明かすノウハウ

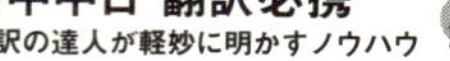

2017年12月 第三刷発行

武吉次朗 著

古川 裕（中国語教育学会会長・大阪大学教授）推薦のロングセラー。著者の四十年にわたる通訳・翻訳歴と講座主宰及び大学での教授の経験をまとめた労作。

2018年 シリーズ最新巻刊行！

四六判 180頁 並製 定価1800円＋税
2007年刊 ISBN 978-4-86185-055-4

中国政治経済史論
毛沢東時代（1949～1976）

胡鞍鋼 著
日中翻訳学院本書翻訳チーム 訳

「功績七分、誤り三分」といわれる毛沢東時代はいかにして生まれたか。膨大な資料とデータを駆使し、新中国建国から文化大革命までを立体的に描き「中国近代化への道」を鋭く分析した渾身の大作。

A5判 712頁 上製 定価16000円＋税
2017年刊 ISBN 978-4-86185-221-3

新中国に貢献した日本人たち

続編も好評です

中日関係史学会 編
武吉次朗 訳

元副総理・故後藤田正晴氏推薦!!
埋もれていた史実が初めて発掘された。登場人物たちの高い志と壮絶な生き様は、今の時代に生きる私たちへの叱咤激励でもある。
－後藤田正晴氏推薦文より

A5判 454頁 並製 定価2800円＋税
2003年刊 ISBN 978-4-93149-057-4

日本僑報社好評既刊書籍

日本図書館協会選定図書

「ことづくりの国」日本へ
そのための「喜怒哀楽」世界地図

関口知宏 著

NHK「中国鉄道大紀行」で知られる著者が、世界を旅してわかった日本の目指すべき指針とは「ことづくり」だった！ 「驚くべき世界観が凝縮されている」と加藤青延NHK解説委員が推薦。

四六判248頁 並製 定価1600円＋税
2014年刊 ISBN 978-4-86185-173-5

中国のグリーン・ニューディール
「持続可能な発展」を超える「緑色発展」戦略とは

胡鞍鋼 著
石垣優子、佐鳥玲子 訳

経済危機からの脱出をめざす世界の潮流「グリーン・ニューディール」の中国的実践とは？ 世界が認める中国経済学の第一人者、清華大学・胡鞍鋼教授が提言！

四六判312頁 並製 定価2300円＋税
2014年刊 ISBN 978-4-86185-134-6

SUPER CHINA
超大国中国の未来予測

胡鞍鋼 著
小森谷玲子 訳

ヒラリー・クリントン氏推薦図書
超大国・中国の発展の軌跡と今後を分析。世界の知識人が待ち望んだ話題作がアメリカ、韓国、インド、中国に続いて緊急邦訳決定！

A5版272頁 並製 定価2700円＋税
2016年刊 ISBN 978-4-9909014-0-0

日中文化DNA解読
心理文化の深層構造の視点から

尚会鵬 著
谷中信一 訳

昨今の皮相な日本論、中国論とは一線を画す名著。
中国人と日本人の違いとは何なのか？文化の根本から理解する日中の違い。

四六判250頁 並製 定価2600円＋税
2016年刊 ISBN 978-4-86185-225-1

三つの国境を越えて

丁亦行、陸藝 著

二人の中国人少女が日本語で綴った体験的日米。二カ国での対照的な学校生活を通して語られる自己発見のエピソード、そして日本とアメリカという二つの社会の違いを映し出すリアルな留学エッセイ。

四六判166頁 並製 定価1900円＋税
2005年刊 ISBN 978-4-86185-012-6

中国人ブロガー22人の「ありのまま」体験記
来た！見た！感じた!! ナゾの国 おどろきの国

でも気になる国日本

中国人気ブロガー招へい
プロジェクトチーム 編著
周藤由紀子 訳

誤解も偏見も一見にしかず！SNS大国・中国から来日したブロガーがネットユーザーに発信した「100％体験済み」の日本論。

A5判208頁 並製 定価2400円＋税
2017年刊 ISBN 978-4-86185-189-6

『日本』って、どんな国？
**—初の【日本語作文コンクール】世界大会—
101人の「入賞作文」**

大森和夫・弘子 編著
（国際交流研究所）

初の日本語作文コンクール世界大会入選集。54カ国・地域の約5千編から優秀作101編を一挙掲載！世界の日本語学習者による「日本再発見！」の作品集。

四六判240頁 並製 定価1900円＋税
2017年刊 ISBN 978-4-86185-248-0

必読！今、中国が面白い Vol.12
シェア経済・キャッシュレス社会・コンテンツ産業の拡大……

いま中国の真実は

而立会 訳
三潴正道 監訳

『人民日報』掲載記事から多角的かつ客観的に「中国の今」を紹介する人気シリーズ第12弾！ 多数のメディアに取り上げられ、毎年注目を集めている人気シリーズ。

四六判200頁 並製 定価1900円＋税
2018年刊 ISBN 978-4-86185-260-2